CHE
GUEVARA

Textos Políticos

São Paulo
2009

© Ernesto Che Guevara
3ª Edição, Global Editora, 1986
4ª Edição, Global Editora, São Paulo 2009

Diretor Editorial
JEFFERSON L. ALVES

Gerente de Produção
FLÁVIO SAMUEL

Coordenadora Editorial
DIDA BESSANA

Assistentes Editoriais
ALESSANDRA BIRAL
JOÃO REYNALDO DE PAIVA

Revisão
ANA CRISTINA TEIXEIRA

Tradução
OLINTO BECKERMAN

Editoração Eletrônica
SPRESS

Imagem da Capa
AKG-IMAGES/LATINSTOCK

Dados Internacionais de Catalogação na Publicação (CIP)
(Câmara Brasileira do Livro, SP, Brasil)

Guevara, Ernesto, 1928-1967.
Textos políticos / Che Guevara , [tradução Olinto Beckerman]. – 4. ed. – São Paulo : Global, 2009.

Título original : Textos políticos
ISBN 978-85-260-1359-9

1. Comunismo-Discurso, ensaios, conferências 2. Cuba – Política e governo, 1959 – Discurso, ensaios, conferências 3. Guerrilhas – Discursos, ensaios, conferências 4. Socialismo – Discurso, ensaios, conferências I. Título.

09-00236   CDD–972.91064

Índices para catálogo sistemático:
1. Cuba : Revolução, 1959 : História   972.91064
2. Revolução cubana, 1959 : História   972.91064

Direitos Reservados

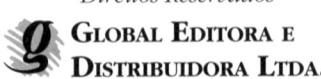
GLOBAL EDITORA E DISTRIBUIDORA LTDA.

Rua Pirapitingui, 111 – Liberdade
CEP 01508-020 – São Paulo – SP
Tel.: (11) 3277-7999 – Fax: (11) 3277-8141
e-mail: global@globaleditora.com.br
www.globaleditora.com.br

Colabore com a produção científica e cultural.
Proibida a reprodução total ou parcial desta obra sem a autorização do editor.

Obra atualizada conforme o **Novo Acordo Ortográfico da Língua Portuguesa**

Nº de Catálogo: **1645**

CHÉ
GUEVARA

Textos
Políticos

SUMÁRIO

Capítulo 1. Ao primeiro Congresso Latino-americano da Juventude...... 9

Capítulo 2. Cuba: exceção histórica ou vanguarda na luta anticolonialista?.. 19

Capítulo 3. O que deve ser um jovem comunista.................... 33

Capítulo 4. O que é um guerrilheiro............................. 45

Capítulo 5. Discurso de Argel.................................. 49

Capítulo 6. O socialismo e o homem em Cuba...................... 59

Capítulo 7. Mensagem a Tricontinental........................... 73

CAPÍTULO 1

Ao primeiro Congresso Latino-americano da Juventude

(AGOSTO DE 1960)

COMPANHEIROS DA AMÉRICA E DO MUNDO INTEIRO: seria extenso enumerar agora a saudação individual que a nossa pátria dirige a cada um de vocês, e a cada um dos países que representam. Queremos, no entanto, fazer uma distinção em relação a algumas pessoas, representantes de países castigados por catástrofes da natureza ou por catástrofes do imperialismo. Queremos, esta noite, saudar especialmente o representante do povo do Chile, Clotario Bletz, cuja voz juvenil escutaram momentos antes, e cuja maturidade, contudo, pode servir de exemplo e de guia aos nossos irmãos trabalhadores desse povo sofredor que foi castigado com um dos mais terríveis terremotos da história.

Queremos também saudar particularmente Jacob Arbenz, presidente da primeira nação latino-americana que, sem medo, ergueu sua voz contra o colonialismo e expressou, numa reforma agrária profunda e corajosa, a vontade das suas massas camponesas. Queremos agradecer também, nele e na democracia que sucumbiu, o exemplo que nos deu e a apreciação correta de todas as debilidades que aquele governo não conseguiu superar, para irmos nós à raiz da questão e, de um só golpe, arrasar os detentores do poder e os seus lacaios.

Queremos ainda saudar duas das delegações, talvez aquelas que mais sofreram na América: a de Porto Rico que, hoje, apesar de há 150 anos ter declarado a liberdade pela primeira vez na América, continua lutando para dar o primeiro passo, talvez o mais difícil, o de conseguir, pelo menos formalmente, um governo livre. E gostaria que os delegados de Porto Rico levassem a minha saudação, e a de Cuba inteira, a Pedro Albizu Campos; gostaria que transmitissem a Pedro Albizu Campos toda a nossa emocionada cordialidade, todo o nosso reconhecimento pelo caminho que ensinou com o seu valor, e toda a nossa fraternidade de homens livres para com um homem livre, apesar de se encontrar numa masmorra da pretensa democracia norte-americana. Mas queria também saudar, hoje, por paradoxal que pareça, a delegação que representa o que há de mais puro no povo norte-americano. E queria saudá-la porque o povo norte-americano não só não é culpado da barbárie e da injustiça dos seus governantes, como também é vítima inocente da ira de todos os povos do mundo que confundem, por vezes, um sistema social com um povo.

Por isso, para as distintas personalidades que referi, e para as delegações dos povos irmãos que nomeei, vai minha saudação individual, embora os meus braços e os braços de Cuba inteira estejam abertos para vos receber e para vos mostrar o que aqui há de bom e de mau, o que se conseguiu e o que falta conseguir, o caminho percorrido e o que falta percorrer. Porque para além de tudo o que venham a deliberar, em nome dos respectivos países, neste Congresso Latino-americano da Juventude, cada um de vocês – e disso estou certo – veio movido pela curiosidade de saber exatamente o que era esse fenômeno nascido em uma ilha das Caraíbas, que hoje se chama Revolução Cubana.

E muitos de vocês, de diversas tendências políticas, interrogam-se hoje, tal como se interrogaram ontem, e como talvez se interroguem também amanhã, sobre "O que é a Revolução Cubana?", "Qual a sua ideologia?". E surgirá, depois, a pergunta que, em adeptos ou em adversários, sempre se faz nesses casos. A Revolução Cubana é comunista? E alguns responderão, esperançados, que sim, ou que vão a caminho disso, e outros, talvez decepcionados, pensam também que sim, e haverá os que, decepcionados, pensem que não, e os que, esperançados, também pensem que não. E se me perguntassem se essa revolução que está diante de nossos olhos é uma revolução comunista, depois das explicações já conhecidas para averiguar o que é o comunismo, e pondo de lado as podres acusações do imperialismo, dos poderes coloniais, que tudo confundem, viríamos a concluir que essa revolução, no caso de ser marxista – notem bem que digo marxista – o seria porque descobriu também, pelos próprios métodos, os caminhos apontados por Marx.

Recentemente, uma das grandes personalidades da União Soviética, o vice-primeiro-ministro Mikoyan, ao brindar à felicidade da Revolução Cubana, reconhecia ele – marxista de sempre – que isso era um fenômeno que Marx não previra. E concluiu, então, que a vida ensina mais que o mais sábio dos livros e que o mais profundo dos pensadores.

Esta Revolução Cubana, sem se preocupar com os seus ditados, sem averiguar o que havia dela se dizia, mas investigando constantemente o que é que dela queria o povo de Cuba, foi para a frente, e logo percebeu não só o que tinha feito ou estava em vias de fazer a felicidade do seu povo, mas que tinham se voltado para esta ilha os olhares curiosos de amigos e inimigos, os olhares esperançados de todo um continente, e os olhares furiosos do rei dos monopólios.

Mas nem tudo isso surgiu da noite para o dia, e permitam-me que lhes conte um pouco da minha experiência, experiência que pode servir para muitos povos em circunstâncias semelhantes, para que tenham uma ideia dinâmica de como surgiu este pensamento revolucionário de hoje, porque a Revolução Cubana de hoje, embora sua continuadora, não é a Revolução Cubana de ontem, mesmo depois da vitória; desses jovens que, em número de 82, cruzaram as zonas difíceis do Golfo do México, num barco que metia água, para chegar às costas da Sierra Maestra, até os representantes da Cuba de hoje, vai uma distância que não se mede em anos, ou pelo menos não se mede em anos na forma correta de o fazer, com dias de 24 horas e horas de 60 minutos.

Todos os membros do governo cubano, jovens na idade, jovens no caráter e nas ilusões, amadureceram, contudo, na extraordinária universidade da experiência e no contato vivo com o povo, com as suas necessidades e com os seus anseios. Todos nós pensávamos chegar um dia a algum lugar de Cuba, e depois de alguns gritos e de algumas ações heroicas, de alguns mortos e de alguns comícios--relâmpago, tomar o poder e expulsar o ditador Batista. A história nos ensinou que era muito mais difícil do que isso derrotar todo um governo apoiado por um exército de assassinos, que, além de assassinos, eram sócios desse governo e, em última análise, eram apoiados pela maior força colonial de toda a terra.

Foi assim que, aos poucos, todos os nossos conceitos mudaram. E nós, filhos das cidades, aprendemos a respeitar o camponês, a respeitar o seu sentido de independência, a respeitar a sua lealdade, a reconhecer os seus anseios centenários pela terra que lhe havia sido roubada e a reconhecer a sua experiência nos milhares de caminhos dos montes. E como os camponeses aprenderam conosco o valor de um homem, quando nas suas mãos tem um fuzil e quando esse fuzil está disposto a disparar contra outro homem, por mais fuzis que esse homem tenha.

Os camponeses nos ensinaram sua sabedoria e nós lhes ensinamos nosso sentido de rebeldia, e, desde então até agora e para sempre, os camponeses de Cuba e as forças rebeldes de Cuba, e hoje o Governo Revolucionário Cubano, caminham unidos como um só homem.

Mas a revolução continuou progredindo, expulsando as tropas da ditadura das ladeiras escarpadas de Sierra Maestra; deparamos então com outra nova realidade cubana – o operário, o trabalhador, quer o operário agrícola, quer o operário dos centros industriais –, com o qual também aprendemos e a ele também ensinamos que, em determinado momento, muito mais forte e positivo que a mais forte e positiva das manifestações pacíficas, é um tiro bem dado em quem se deve dar. Aprendemos o valor da organização, mas ensinamos de novo o valor da rebeldia e, desse resultado, surgiu por todo o território de Cuba a rebeldia organizada.

Já havia passado muito tempo e houve muitas mortes, muitas delas combativas e outras inocentes, balizavam o caminho da nossa vitória. As forças imperialistas começaram vendo que no alto da Sierra Maestra havia alguma coisa mais que um grupo de bandoleiros ou algo mais que um grupo de ambiciosos assaltantes do poder; as suas bombas, as suas balas, os seus aviões e os seus tanques foram generosamente oferecidos à ditadura e com eles na vanguarda pretenderam subir de novo, e pela derradeira vez, a Sierra Maestra.

Apesar do tempo decorrido, apesar de colunas das nossas forças rebeldes já terem partido para invadir outras regiões de Cuba e de já estar formada a Segunda Frente Oriental Frank País, sob as ordens do comandante Raúl Castro, apesar de tudo isso, da nossa força na opinião pública, de já sermos matéria de notícia nas colunas internacionais dos jornais de todo o mundo, a Revolução Cubana tinha 200 fuzis; não 200 homens, mas sim 200 fuzis, para deter a última ofensiva do regime que envolveu 10 mil soldados e toda uma espécie de instrumentos de morte. A história de cada um desses 200 fuzis é uma história de sacrifício e sangue, porque eram fuzis do imperialismo que o sangue e a decisão dos nossos mártires dignificaram e converteram em fuzis do povo. E assim se desenrolou a última etapa da grande ofensiva do exército, a que eles chamaram "de cerco e aniquilamento".

Por isso digo a vocês, juventude estudiosa da América, que, se hoje fazemos aquilo a que se chama marxismo, foi porque o descobrimos aqui. Porque nessa época, depois de derrotarmos as tropas da ditadura, depois de fazermos sofrer a essas tropas mil baixas, isto é, cinco vezes mais baixas que o total das nossas forças combatentes, depois de termos nos apoderado de mais de 600 armas, caiu em nossas mãos um pequeno folheto escrito por Mao Tsé-tung; nesse folheto, que tratava exatamente dos problemas estratégicos da guerra revolucionária na China, eram descritas até mesmo as campanhas levadas a cabo por Chiang Kai-shek contra as forças populares e às quais, tal como aqui, o ditador chamava "campanhas de cerco e aniquilamento". E não só se tinham repetido as palavras com que ambos os ditadores, em lugares opostos do mundo, batizavam a sua campanha, como também se repetiram o tipo de campanha que esses ditadores levavam a cabo para destruir as forças populares, e repetiu-se, por parte das forças populares, sem conhecer os manuais que já estavam escritos sobre estratégia e tática da guerra de guerrilhas, o mesmo que se preconizava no outro extremo do mundo para combater essa força. Naturalmente, quando alguém expõe uma experiência, esta pode ser aproveitada por qualquer pessoa, mas também pode voltar a realizar-se essa experiência sem haver necessidade de se conhecer a experiência anterior.

Nós não conhecíamos as experiências das tropas chinesas em 20 anos de luta no seu território, mas aqui conhecíamos o nosso território, conhecíamos o nosso inimigo e usamos algo que todos os homens têm sobre os ombros e que, se souberem usá-lo, vale muito: usamos também a cabeça para combater o inimigo. Daí resultou a sua derrota.

Seguiu-se depois uma história de invasões para o Ocidente, de ruptura das vias de comunicação e da queda aparatosa da ditadura, quando ninguém o esperava. Chegou então o 1º de janeiro. E novamente a revolução, sem pensar no que havia lido mas ouvindo da boca do povo o que tinha de fazer, decidiu primeiro, e antes de tudo, castigar os culpados e os castigou.

As potências coloniais deram a notícia em primeira página, chamando-lhe assassinatos, e logo a seguir trataram de semear algo que os imperialistas sempre pretendem semear: a divisão. Porque "aqui havia assassinos comunistas que matavam, havia contudo um patriota ingênuo chamado Fidel Castro, que nada tinha a ver com isso e que podia ser salvo". Pretendiam dividir os homens que tinham lutado pela mesma causa, com pretextos e argumentos estéreis e continuaram a manter, durante certo tempo, essa esperança. Mas um dia verificaram que a Lei da Reforma Agrária aprovada era muito mais violenta e muito mais profunda do que aquilo que tinham aconselhado os sisudos autoconselheiros do governo – todos eles se encontram hoje em Miami ou em alguma outra cidade dos Estados Unidos – Pepín Rivero no *Diário de la Marina* ou Medrano na *Prensa Libre*... mas havia mais, havia inclusive um primeiro-ministro – no nosso governo que aconselhava muita moderação, porque "estas coisas devem ser tratadas com moderação".

A "moderação" é outra das palavras que os agentes colonialistas[1] gostam de usar, são moderados todos aqueles que têm medo ou todos aqueles que, de algum modo, pensam trair. O povo não é de modo algum moderado. Eles aconselhavam a repartir o *marabú*, que é um arbusto que cresce em nossos campos e que os camponeses derrubam com os seus machetes[2]; ou deixavam que os camponeses se instalassem em algum lameiro ou tomassem conta de algum pedaço de terra do Estado, que tivesse escapado à voragem dos latifundiários; mas tocar na terra dos latifundiários era um pecado que estava acima daquilo que eles julgavam ser possível. Mas foi possível.

Eu recordo, naquela época, uma conversa com um senhor, que me dizia não ter qualquer problema com o Governo Revolucionário, porque tinha apenas 900 *caballerías*; 900 *caballerías* são mais de dez mil hectares. Certamente esse senhor teve problemas com o Governo Revolucionário, expropriaram-se as terras que depois foram repartidas e dadas em propriedade ao pequeno camponês individual; criaram-se, além disso, as cooperativas nas terras onde o operário agrícola, o trabalhador agrícola já estava acostumado a trabalhar em comunidade por um salário.

E reside aqui uma das peculiaridades que é necessário estudar na Revolução Cubana, a de que esta revolução fez a sua reforma agrária pela primeira vez na

....
[1] Os americanos instalados na ilha. (NT)
[2] Facas de mato. (NT)

América, atacando algumas relações sociais de propriedade, que não eram feudais no tabaco ou no café; o tabaco e o café foram dados aos pequenos trabalhadores individuais que há já algum tempo estavam nesse pedaço de terra e que a queriam; mas a cana-de-açúcar, ou o arroz ou, inclusive, o gado, na forma como são explorados em Cuba, estão ocupados e trabalhados no seu conjunto por trabalhadores que têm a propriedade conjunta de todas essas terras, que não são possuidores de uma pequena parte de terra, mas de todo esse grande conjunto chamado cooperativa, e isso nos permitiu avançar muito rápida e profundamente na nossa reforma agrária. Há uma coisa que deve incutir-se em cada um de vocês como uma verdade que não pode ser desmentida de modo algum, a de que não há Governo Revolucionário a que verdadeiramente se possa chamar revolucionário, aqui na América, se não fizer uma reforma agrária, como primeira medida. Além disso, não se pode chamar revolucionário a um governo que diga que vai fazer ou que faça uma reforma agrária vaga; revolucionário é o governo que faz uma reforma agrária mudando o regime de propriedade da terra, não apenas dando ao camponês a terra que sobra, mas também, e principalmente, dando ao camponês a que não sobra, a que está em poder dos latifundiários, e que é a melhor e a que rende mais e, além disso, a que foi roubada ao camponês em épocas passadas.

É isso a reforma agrária e com isso devem começar todos os governos revolucionários; depois da reforma agrária, virá a grande batalha da industrialização do país, muito menos simples e muito complexa, onde se torna necessário lutar com fenômenos muito grandes e em que facilmente se naufragaria em épocas passadas se hoje não existissem no planeta forças muito grandes que são amigas dessas pequenas nações. Porque há que apontá-lo aqui para todos, para os que o são, para os que o não são e para os que o odeiam, que países como Cuba, neste momento, países revolucionários e nada moderados podem perguntar-se se a União Soviética ou a China Popular são nossos amigos; e não se pode responder de uma forma vaga, tem de se responder com clareza que a União Soviética, a China e todos os países socialistas e ainda muitos outros países coloniais ou semicoloniais que se libertaram são nossos amigos e que nessa amizade, na amizade com esses governos de todo o mundo, é que se podem basear as realizações de uma revolução americana. Porque, se nos tivessem feito a agressão que nos fizeram com o açúcar e o petróleo e não existisse a União Soviética que nos desse petróleo e nos comprasse açúcar, seria necessário toda a força, toda a fé e toda a devoção deste povo, que é enorme, para poder aguentar o golpe que isso significaria. E as forças da desunião trabalhariam depois, apoiadas no efeito que causaria no nível de vida de todo o povo cubano, as medidas que tomou a "democracia norte-americana" contra esta ameaça ao mundo livre. Eles nos agrediram-nos descaradamente. E ainda há governantes da América que, não obstante, nos aconselham a lamber a mão de quem nos quer agarrar e a cuspir em cima de quem nos quer defender. Nós respondemos aos governantes desses países que preconizam a humilhação em pleno século XX que, em primeiro lugar, Cuba não se ajoelha diante de ninguém e, em segundo lugar, Cuba conhece, porque conheceu por experiência própria, e os seus governantes também conhecem muito bem as fraquezas e os vícios do governo que aconselha essa medida; contudo, Cuba não se dignou nem se permitiu, nem o julgou permissível, até este momento, aconselhar aos governantes desse país que fuzilassem todos os seus oficiais traidores e que nacionalizassem todas as empresas monopolistas.

O povo de Cuba fuzilou os seus assassinos e dissolveu o exército da ditadura, mas não foi dizer a nenhum governo da América que fuzilasse os assassinos do povo ou liquidasse o apoio da ditadura. Contudo, Cuba sabe bem que há assassinos em todos os povos; isso é inclusive demonstrado pelos cubanos membros do nosso próprio Movimento, assassinados num país amigo por lacaios que restaram da ditadura anterior.

Nós nem sequer pedimos represálias para o assassino dos nossos militantes, mas no nosso país as teríamos exercido... O que queremos simplesmente é que, já que não se pode ser solidário na América, não se seja, pelo menos, traidor da América; que não mais se torne a dizer na América que nós devemos fazer uma aliança continental com o nosso grande escravizador, porque essa é a mentira mais covarde e mais denegridora que pode proferir um governante na América. Nós, os membros da Revolução Cubana, que somos o povo inteiro de Cuba, chamamos amigos aos nossos amigos e inimigos aos nossos inimigos, e não admitimos meios-termos; ou se é amigo, ou se é inimigo. Nós, povo de Cuba, não indicamos a nenhum povo da Terra o que fazer com o Fundo Monetário Internacional, por exemplo, mas também não admitimos que nos venham dar conselhos. Sabemos o que fazer; se o querem fazer, muito bem; se não o querem fazer, é com eles. Mas não admitimos conselhos, porque estivemos aqui sós até o último momento, esperando de pé a agressão direta do mais forte poder do mundo capitalista, e não pedimos ajuda a ninguém, e estávamos dispostos, nós com o nosso povo, a aguentar até as últimas consequências a nossa rebeldia.

Por isso podemos falar de cabeça erguida e em alto e bom som, em todos os congressos e conselhos do mundo onde se reúnam os nossos irmãos. Quando a Revolução Cubana fala, poderá estar equivocada, mas nunca diz uma mentira. A Revolução Cubana expressa, em cada tribuna em que tem de falar, a verdade dos filhos da sua terra, e a expressa sempre perante amigos e inimigos. Nunca se esconde para lançar uma pedra e nunca dá conselhos que leva dentro um punhal, mas que estão forrados de veludo.

Somos muito atacados. Somos muito atacados pelo que somos, mas atacam-nos muitíssimo mais porque mostramos a cada um dos povos da América o que se pode ser. E isso interessa muito mais ao imperialismo do que as minas de níquel ou as centrais de açúcar de Cuba, o petróleo da Venezuela, o algodão do México, o cobre do Chile, o gado da Argentina, as pastagens do Paraguai ou o café do Brasil; interessa-lhe a totalidade dessas matérias-primas que nutrem os monopólios.

Por isso, sempre que podem, põem-nos uma pedra no caminho. E quando as pedras que nos põem não as podem pôr eles próprios, existe, infelizmente, na América, quem se preste a colocá-las. Não importam os nomes, até porque ninguém é culpado, porque não podemos dizer aqui que o presidente Betancourt é o culpado da morte do nosso compatriota e do nosso correligionário; o presidente Betancourt não é culpado, o presidente Betancourt é, simplesmente, um prisioneiro de um regime que se diz democrático. Esse regime democrático, esse regime que podia ter sido outro exemplo da América, cometeu, contudo, o grande erro de não exercer represálias a tempo. E hoje o governo democrático da Venezuela é prisioneiro dos lacaios que a Venezuela conheceu até há pouco, que Cuba conheceu, e que a maior parte da América conhece.

Não podemos atirar à cara do presidente Betancourt uma morte; apenas podemos dizer aqui, escudados em nossa história de revolucionários e em nossa fé de revolucionários, que no dia em que o presidente Betancourt, eleito por seu povo, se sinta tão prisioneiro que não possa seguir em frente, e decida pedir ajuda a algum povo irmão, aqui está Cuba para mostrar à Venezuela algumas das suas experiências no campo revolucionário; fique o presidente Betancourt sabendo que não foi – de nenhum modo podia ser – o nosso representante diplomático quem iniciou todo esse enredo que se traduziu em uma morte. Foram eles, em última instância, os norte-americanos ou o governo norte-americano. Foram os batistianos e todos aqueles que constituíam a reserva do governo norte-americano neste país, que, vestindo-se de antibatistianos, apenas queriam derrotar Batista e manter o sistema: os Miró, os Quevedo, os Díaz Lanz, os Hubert Matos... E, é evidente, as forças da reação que operam na Venezuela. E muito triste dizê-lo, mas o governante venezuelano está à mercê de que sua própria tropa o assassine, como aconteceu recentemente com um automóvel carregado de dinamite. O presidente venezuelano, neste momento, é prisioneiro das suas forças de repressão.

E isso custa porque da Venezuela veio a mais forte e a mais solidária das ajudas ao povo cubano quando estávamos em Sierra Maestra. Custa porque, pelo menos, conseguiu sair, muito antes de nós, do mais odioso sistema opressivo, representado por Péres Jiménez. E custa porque recebeu nossa delegação com as maiores demonstrações de carinho e afeto, quando lá chegou, primeiro Fidel Castro e depois o nosso presidente Dorticós.

Um povo que alcançou a alta consciência política e a alta fé combatente do povo venezuelano, não estará muito tempo prisioneiro de algumas baionetas ou de algumas balas, porque as balas e as baionetas podem mudar de mãos, e podem ser mortos os assassinos.

Mas não é minha missão enumerar aqui os governos da América, enumerar as punhaladas sujas que, nos últimos dias, nos deram e deitar lenha no fogo da rebelião. Não é essa a minha tarefa porque, em primeiro lugar, Cuba não está livre de perigo, e é hoje o centro único dos olhares dos imperialistas nesta parte do mundo, e necessita da solidariedade de todos vós, da solidariedade dos da Ação Democrática, na Venezuela, bem como dos da URD, ou dos comunistas, ou do Copey, ou de qualquer partido; necessita da solidariedade de todo o povo da Colômbia, do Brasil, e de cada um dos povos da América. Porque a verdade é que os colonialistas se assustaram. Também eles, como toda a gente, têm medo dos foguetes e das bombas, e viram agora, pela primeira vez em sua história, que as bombas destruidoras podiam cair sobre suas mulheres e sobre seus filhos, sobretudo aquilo que haviam construído com tanto amor; e, como qualquer pessoa, também prezam aquilo que é seu. Começaram a fazer cálculos; puseram suas máquinas eletrônicas de calcular para funcionar e viram que não era bom esse sistema. Mas isso não quer dizer que tenham renunciado, de modo algum, a suprimir a democracia cubana. Estão de novo fazendo cálculos complicados em suas máquinas multiplicadoras, para saberem qual é o melhor dos outros métodos alternativos para agredirem a Revolução Cubana. Têm o método Ydígoras, o método Nicarágua, o método Haiti – não já o método São Domingos, por enquanto –, mas têm também o dos mercenários que estão na Flórida, têm o método OEA, têm muitos métodos. E têm força para ir aperfeiçoando esses métodos.

O presidente Arbenz aprendeu, ele e seu povo, que eles têm muitos métodos e muita força. Infelizmente para a Guatemala, o presidente Arbenz tinha um Exército à moda antiga, e não tinha conhecido inteiramente a solidariedade dos povos e sua capacidade de fazer retroceder qualquer agressão.

Essa é uma das nossas grandes forças: as forças que se movem em todo o mundo e que esquecem todas as bandeiras particulares das lutas políticas nacionais, para defender, em um dado momento, a Revolução Cubana. E permitam-me dizê-lo, que isso é um dever da juventude da América. O que aqui existe é algo de novo, e algo digno de estudo. Não quero ser eu a dizer-lhes o que há de bom: vocês poderão verificá-lo.

Que tem muito de mau... eu sei; que há uma desorganização aqui... também eu sei. Talvez todos vocês já o saibam, se foram à montanha. Que ainda há guerrilha... eu sei; que aqui faltam técnicos em quantidades fabulosas de acordo com nossas pretensões... eu sei; que apesar de tudo nosso exército não atingiu o grau de maturidade necessária, nem os milicianos alcançaram a coordenação suficiente para se constituir em exército... também sei. Mas o que eu sei, e queria que todos soubessem, é que esta revolução se fez contando sempre com a vontade de todo o povo de Cuba, e que cada camponês e cada operário, se maneja mal o fuzil, todos os dias trabalha para manejá-lo melhor, para defender a sua revolução. E se não pode, neste momento, perceber o complicado mecanismo de uma máquina, cujo técnico já foi para os Estados Unidos, estuda todos os dias para o aprender, para que sua fábrica funcione melhor. E o camponês estudará seu trator, para resolver os problemas mecânicos que tenha, para que os campos de sua cooperativa rendam mais.

Todos os cubanos, das cidades e do campo, irmanados em um só sentimento, caminham sempre para o futuro, pensando com uma unidade absoluta, dirigidos por um líder em que têm a mais absoluta confiança, porque demonstrou, em milhares de batalhas e de ocasiões diferentes, sua capacidade de sacrifício, e as potencialidades e a clarividência de seu pensamento.

Esse povo, que hoje está diante de vocês, diz-vos que, mesmo que tivesse de desaparecer da face da terra por se ter desencadeado, por sua causa, um conflito atômico, e fosse seu primeiro alvo; mesmo que desaparecesse totalmente esta ilha e seus habitantes, se consideraria completamente feliz e completamente realizado se cada um de vocês, ao chegar às suas terras, fosse capaz de dizer:

"Aqui estamos. A palavra chega-nos úmida das florestas cubanas. Subimos à Sierra Maestra e conhecemos a madrugada, temos a cabeça e as mãos cheias da semente da madrugada e estamos dispostos a semeá-la nesta terra e a defendê-la para que frutifique". E de todos os outros países irmãos da América, e da nossa terra, se apesar de tudo persistisse como exemplo, lhes responder a voz dos povos, desde esse momento e para sempre: "Assim seja! Que a liberdade seja conquistada em cada recanto da América!".

CAPÍTULO 2

Cuba: exceção histórica ou vanguarda na luta anticolonialista?

(ABRIL DE 1961)

> *A classe operária é a classe fecunda e criadora, a classe operária é a que produz toda a riqueza material de um país. E enquanto o poder não estiver em suas mãos, enquanto a classe operária permitir que o poder esteja nas mãos dos patrões que a exploram, nas mãos dos especuladores, nas mãos dos latifundiários, nas mãos dos monopólios, nas mãos dos interesses estrangeiros ou nacionais, enquanto as armas estiverem nas mãos dos que servem esses interesses e não em suas próprias mãos, a classe operária será obrigada a uma existência miserável, por muitas que sejam as migalhas que esses interesses lhes lancem da mesa do banquete.*
>
> Fidel Castro

Nunca na América se havia produzido um feito de tão extraordinárias características, de raízes tão profundas e de consequências tão transcendentes para o destino dos movimentos progressistas do continente, como nossa guerra revolucionária.

A tal ponto, que foi classificada por alguns como o principal acontecimento da América e o que se segue em importância à trilogia constituída pela Revolução Russa, pelo triunfo sobre as armas hitlerianas com as posteriores transformações sociais, e a vitória da Revolução Chinesa.

Esse movimento, muito heterodoxo em suas formas e manifestações, seguiu, contudo – não podia ser de outra maneira –, as linhas gerais de todos os grandes acontecimentos históricos do século, caracterizados pelas lutas anticolonialistas e pela caminhada para o socialismo.

Não obstante, alguns setores, interesseiramente ou de boa-fé, pretenderam ver nela uma série de raízes e características excepcionais, cuja importância relativa perante o profundo fenômeno histórico-social elevam artificialmente, até constituí-las em determinantes. Fala-se do excepcionalismo da Revolução Cubana ao compará-la com as linhas de outros partidos progressistas da América e estabelece-se, em consequência, que a forma e os caminhos da Revolução Cubana são o produto único da revolução e que, nos outros países da América, a marcha histórica dos povos será diferente.

Admitimos que houve exceções que dão suas características específicas à Revolução Cubana; é um fato claramente estabelecido que cada revolução conta com esse tipo de fatores específicos, mas também está estabelecido que todas elas seguirão leis cuja violação não está ao alcance das possibilidades da sociedade. Analisemos, pois, os fatores desse pretenso excepcionalismo.

O primeiro, talvez o mais importante e o mais original, é essa força telúrica chamada Fidel Castro Ruz, nome que, em poucos anos, alcançou projeção histórica. O futuro colocará em seu lugar exato os méritos do nosso primeiro-ministro, mas, a nós, eles nos parecem semelhantes aos das mais eminentes figuras históricas de toda a América Latina. E quais são as circunstâncias excepcionais que cercam a personalidade de Fidel Castro? Há várias características em sua vida e em seu caráter que o fazem sobressair amplamente diante de todos os seus companheiros e seguidores: Fidel é um homem que, em qualquer movimento de que participe, tomará a liderança; assim tem acontecido no decurso de sua carreira, desde a vida estudantil até o primeiro plano de nossa pátria e dos povos oprimidos da América. Tem as características do grande líder, que somadas a seus talentos pessoais de audácia, força e valor e à sua extraordinária preocupação em auscultar sempre a vontade do povo, levaram-no ao lugar de honra e de sacrifício que hoje ocupa. Mas tem outras qualidades importantes, como sejam sua capacidade de assimilar os conhecimentos e as experiências, para compreender todo o conjunto de uma dada situação, sem perder de vista os pormenores, sua fé imensa no futuro e sua amplitude de visão para prever os acontecimentos e antecipar-se aos fatos, vendo sempre mais longe que seus companheiros. Com essas grandes qualidades fundamentais, com sua capacidade de aglutinar, de unir, opondo-se à divisão que enfraquece; com sua capacidade de dirigir, à cabeça de todos, a ação do povo; com seu imenso amor por ele, sua fé no futuro e sua capacidade de prevê-lo, Fidel Castro fez mais do que ninguém em Cuba para construir, a partir do nada, o aparelho, hoje espantoso, da Revolução Cubana.

Contudo, ninguém poderia afirmar que havia em Cuba condições político-sociais totalmente diferentes das de outros países da América, e que, apesar dessa diferença, Fidel Castro fez a revolução. Fidel, grande e hábil condutor, dirigiu a Revolução em Cuba, no momento e da forma em que o fez, interpretando as profundas perturbações políticas que preparavam o povo para o grande salto em direção ao futuro. Existiram também determinadas condições que, embora não sendo específicas de Cuba, dificilmente serão novamente aproveitadas por outros povos, porque o imperialismo, ao contrário de alguns grupos progressistas, aprende com seus erros.

A condição que poderíamos qualificar de exceção é que o imperialismo norte--americano estava desorientado e nunca conseguiu avaliar o verdadeiro alcance da Revolução Cubana. Há nisso algo que explica muitas das aparentes contradições do chamado quarto poder norte-americano. Os monopólios, como é habitual nesses casos, começam a pensar em um sucessor de Batista, exatamente porque sabiam que o povo não estava resignado e que, também ele, tentava a mudança, mas por caminhos revolucionários. Que golpe mais inteligente e mais hábil do que tirar o ditadorzeco inútil e pôr em seu lugar os novos "rapazes" que poderiam, a seu tempo, servir altamente aos interesses do imperialismo? O império jogou durante algum tempo essa cartada continental e perdeu miseravelmente. Antes do triunfo suspeitavam de nós, mas não nos temiam; certamente apostavam em duas cartadas, com a experiência que têm desse jogo em que habitualmente não perdem. Emissários do Departamento de Estado foram, várias vezes, disfarçados de jornalistas, introduzir-se na revolução montanhesa, mas não conseguiram detectar nela o sintoma de perigo iminente. Quando o imperialismo quis reagir, quando se apercebeu de que o grupo de jovens inexperientes que passeavam em triunfo pelas ruas de Havana tinha ampla consciência de seu dever político e uma férrea decisão de cumprir com esse dever, já era tarde. E assim surgiu, em janeiro de 1959, a primeira revolução social de toda esta zorra caraíba e a mais profunda das revoluções americanas.

Não cremos que possa se considerar excepcional o fato de a burguesia, ou pelo menos uma boa parte dela, ter-se mostrado favorável à guerra revolucionária contra a tirania, ao mesmo tempo que apoiava e promovia os movimentos tendentes a procurar soluções negociadas que lhes permitissem substituir o governo de Batista por elementos dispostos a parar a revolução.

Tendo em conta as condições em que se travou a guerra revolucionária e a complexidade das tendências políticas que se opunham à tirania, também não é excepcional que alguns elementos latifundiários adotassem uma atitude neutra ou, pelo menos, não beligerante em relação às formas insurrecionais.

É compreensível que a burguesia nacional, agredida pelo imperialismo e pela tirania, cujas tropas caíam a saque sobre a pequena propriedade e faziam do suborno um meio cotidiano de vida, visse com alguma simpatia que esses jovens rebeldes das montanhas castigassem o braço armado do imperialismo, que era o exército contrarrevolucionário.

Assim, forças não revolucionárias ajudaram de fato a facilitar o caminho do advento do poder revolucionário.

Levando as coisas ao extremo, podemos acrescentar um novo fator de excepcionalidade, isto é, na maioria dos lugares de Cuba, o camponês tinha-se proletarizado graças às exigências do grande cultivo capitalista semimecanizado e tinha entrado numa etapa organizativa que lhe dava maior consciência de classe. Podemos admitir isso. Mas note-se, em honra da verdade, que no primeiro território do nosso Exército Rebelde, constituído pelos sobreviventes da derrota da coluna que fez a viagem do *Granma*, havia precisamente um campesinato de raízes sociais e culturais diferentes das que se podem encontrar nos lugares do grande cultivo semimecanizado cubano. Com efeito, Sierra Maestra, cenário da primeira coluna revolucionária, é um lugar onde se refugiam todos os camponeses que, lutando de braço franco contra o latifúndio, ali iam procurar um novo pedaço de terra que arrebatavam ao Estado ou a algum voraz proprietário latifundiário para criarem sua pequena riqueza. Tinham de estar em luta contínua contra as multas dos soldados, sempre aliados do poder latifundiário, e o seu horizonte acabava no título de propriedade. Concretamente, o soldado que fazia parte de nosso primeiro exército guerrilheiro de tipo campesino sai da parte desta classe social que, mais agressivamente, demonstra seu amor pela terra e por sua posse, isto é, que mais perfeitamente demonstra o que pode catalogar-se como espírito pequeno-burguês; o camponês luta porque quer terra; para ele e para os filhos, para cultivá-la, para vendê-la e para enriquecer por meio do trabalho.

Apesar de seu espírito pequeno-burguês, o camponês depressa aprende que não pode satisfazer seu desejo de posse da terra sem quebrar o sistema da propriedade latifundiária. A reforma agrária radical, que é a única que pode dar a terra ao camponês, choca-se com os interesses diretos dos imperialistas, dos latifundiários e dos magnatas do açúcar e do gado. A burguesia teme chocar-se com esses interesses. O proletariado não teme chocar-se com eles. Assim, a própria marcha da revolução une os operários aos camponeses. Os operários apoiam a reivindicação contra o latifúndio. O camponês pobre, beneficiado com a propriedade da terra, apoia lealmente o poder revolucionário e o defende dos inimigos imperialistas e contrarrevolucionários.

Acreditamos que não podem se alegar mais fatores de excepcionalismo. Temos sido generosos em levá-los ao extremo; veremos, agora, quais são as raízes permanentes de todos os fenômenos sociais da América, as contradições que, amadurecendo no seio das sociedades atuais, provocam mudanças que podem assumir a grandeza de uma revolução como a cubana.

Por ordem cronológica, embora sem importância nesses momentos, aparece o latifúndio; o latifúndio foi a base do poder econômico da classe dominante durante todo o período que sucedeu à grande revolução libertadora do anticolonialismo do século passado. Mas esta classe social latifundiária, que existe em todos os países, está, regra geral, na retaguarda dos acontecimentos sociais que perturbam o mundo. Em alguns lugares, contudo, os mais atentos e esclarecidos dessa classe latifundiária notam o perigo e vão alterando o tipo de investimento de seus capitais, investindo às vezes para efetuar culturas mecanizadas de tipo industrial, mudando parte de seus interesses para algumas indústrias ou se convertendo em agentes comerciais do monopólio. Em todo o caso, a primeira revolução libertadora nunca conseguiu destruir as bases latifundiárias que, atuando sempre de forma reacionária, mantêm o princípio de servidão sobre a terra. É este o fenômeno que aparece, sem exceção, em todos os países da América e que foi substrato de todas as injustiças cometidas, desde a época em que o rei de Espanha concedeu as grandes mercês territoriais aos mui nobres conquistadores, deixando, no caso cubano, para os nativos, *criollos* e mestiços, apenas os realengos, ou seja, a superfície que separa três mercês circulares que se tocam entre si.

O latifundiário compreendeu, na maioria dos países, que não podia sobreviver sozinho, e rapidamente entrou em aliança com os monopólios, ou seja, com o mais forte e terrível opressor dos povos americanos. Os capitais norte-americanos chegaram a fecundar as terras virgens, para levarem depois, indiferentemente, todas as divisas que antes, generosamente, tinham oferecido, além de outras vantagens que totalizam várias vezes a soma inicialmente investida no país "beneficiado".

A América foi campo da luta anti-imperialista e as "guerras" entre a Costa Rica e a Nicarágua, a segregação do Panamá, a infâmia cometida contra o Equador em sua disputa com o Peru e a luta entre o Paraguai e a Bolívia não são senão expressões dessa gigantesca batalha entre os grandes consórcios monopolistas do mundo, batalha decidida quase completamente a favor dos monopólios norte-americanos depois da Segunda Guerra Mundial. Daí em diante, o império procurou aperfeiçoar sua possessão colonial e estruturar o melhor possível todo o edifício para evitar a penetração dos novos ou dos velhos concorrentes de outros países imperialistas. Tudo isso resultou em uma economia monstruosamente distorcida, descrita pelos economistas poderosos do regime imperialista com uma palavra inócua, reveladora da profunda piedade que nos têm, seres inferiores (chamam "indiozitos" aos nossos índios miseravelmente explorados, vexados e reduzidos à ignomínia; chamam "de cor" todos os homens de raça negra ou mulata, preteridos, discriminados, instrumentalizados, como pessoa e como ideia de classe, para dividir as massas trabalhadoras em sua luta por melhores destinos econômicos); a nós, povos da América, nos chamam outro nome vergonhoso e suave: "subdesenvolvidos".

O que é o subdesenvolvimento?

Um raquítico de cabeça enorme e tórax dilatado é "subdesenvolvido" porque as suas pernas débeis ou os seus braços curtos não se harmonizam com o restante de sua anatomia; é o produto de um fenômeno teratológico que distorceu seu desenvolvimento. Isto é o que na realidade somos, nós, os suavemente chamados "subdesenvolvidos", países coloniais, semicoloniais ou dependentes. Somos países de economia distorcida pela ação imperialista, que desenvolveu anormalmente os ramos industriais ou agrícolas para completar sua complexa economia. O "subdesenvolvimento", ou o desenvolvimento distorcido, sofre perigosas especializações em matérias-primas, as quais mantêm na ameaça de fome todos os nossos povos. Nós, os "subdesenvolvidos", somos também os da monocultura, os do monoproduto, os do monomercado. Um produto único cuja venda incerta depende de um mercado único que impõe e fixa condições; eis a grande fórmula de dominação econômica imperialista, que se junta à velha e eternamente jovem divisa romana: dividir para reinar.[1]

O latifúndio, através de suas conexões com o imperialismo, modela, pois, completamente o chamado "subdesenvolvimento" que tem como resultado os baixos salários e o desemprego. Esse fenômeno de baixos salários e desemprego é um circulo vicioso que gera cada vez mais baixos salários e mais desemprego. À medida que se agudizam as grandes contradições do sistema e, constantemente à mercê das variações cíclicas de sua economia, criam o que é o denominador comum dos povos da América, desde o Rio Bravo ao Polo Sul. Esse denominador comum, que escreveremos em maiúsculas e que serve de base de análise para todos os que meditam sobre esses fenômenos sociais, chama-se FOME DO POVO, cansaço de estar oprimido, vexado, explorado ao máximo, cansaço de vender, dia a dia miseravelmente, a força de trabalho (com medo de engrossar a enorme massa de desempregados), para que se esprema de cada corpo humano o máximo de lucro, depois esbanjado nas orgias dos detentores do capital.

Vemos, pois, como existem grandes e irrecusáveis denominadores comuns na América Latina, e por isso não podemos dizer que estivemos isentos de todos esses fatos que, ligados, vão dar àquele que é o mais terrível e permanente: a fome do povo. O latifúndio, quer como forma de exploração primitiva, quer como expressão de monopólio capitalista da terra, submete-se às novas condições e alia-se ao imperialismo econômico, eufemisticamente chamado "subdesenvolvimento", que tem como resultado o salário baixo, o subdesemprego e o desemprego: a fome dos povos. Tudo isso existia em Cuba. Também aqui havia fome, também aqui havia uma das mais elevadas percentagens de desemprego da América Latina, também aqui o imperialismo era mais feroz que em muitos países da América e aqui o latifúndio existia com tanto poder como em qualquer outro país irmão.

[1] *Divide ut imperes* (loc. lat.). Divide para que possas reinar; a desunião leva à derrota; divisa do político italiano Maquiavel, depois adotada, entre outros, por Luís XI e Catarina de Médici.

Que fizemos nós para nos libertarmos do grande fenômeno do imperialismo com sua claque de governantes fantoches em cada país e com seus exércitos mercenários, dispostos a defender não só esse fantoche, mas também todo o complexo sistema social de exploração do homem pelo homem? Aplicamos algumas fórmulas que já em outras ocasiões demos a conhecer como uma descoberta da nossa medicina empírica para os grandes males da nossa querida América Latina, medicina empírica que rapidamente se enquadrou na da verdade científica.

As condições objetivas para a luta são fornecidas pela fome do povo, pela reação a esse homem, pelo medo desencadeado para retardar a reação popular e pela vaga de ódio criada pela repressão. Faltaram na América condições subjetivas das quais a mais importante é a consciência da possibilidade da vitória pela via violenta frente aos poderes imperialistas e seus aliados internos. Estas condições se criam mediante a luta armada que vai tornando mais clara a necessidade de mudança (e o permite prever) e da derrota do Exército pelas forças populares e seu posterior aniquilamento, como condição imprescindível para qualquer verdadeira revolução.

Notando desde já que as condições se completam mediante o exercício da luta armada, temos de explicar mais uma vez que o cenário dessa luta deve ser o campo, e que, a partir do campo, com um exército camponês que defenda os grandes objetivos pelos quais o campesinato deve lutar (o primeiro deles é a justa distribuição da terra), tomará as cidades. Na base ideológica da classe operária, cujos grandes pensadores descobriram as leis sociais que nos regem, a classe camponesa da América constituirá o grande exército libertador do futuro, como já aconteceu em Cuba. Esse exército criado no campo, no qual vão amadurecendo as condições subjetivas para a tomada do poder; que do exterior vai conquistando as cidades unindo-se à classe operária e aumentando o caudal ideológico com esses novos contatos, pode e deve derrotar o exército opressor, inicialmente em escaramuças, combates e ataques de surpresa, e finalmente, em grandes batalhas, quando tiver crescido até deixar a pequena situação de guerrilha para se tornar num grande exército popular de libertação. A etapa da consolidação do poder revolucionário será a liquidação do antigo exército, como atrás afirmamos.

Se pretendermos aplicar todas essas condições existentes em Cuba nos demais países da América Latina, em outras lutas para conquistar o poder para as classes desfavorecidas, que aconteceria? Seria possível ou não? No caso de ser possível, seria mais fácil ou mais difícil do que em Cuba? Vamos expor as dificuldades que, em nosso entender, tornarão mais duras as novas lutas revolucionárias da América. Há dificuldades gerais para todos os países e dificuldades mais específicas para alguns, cujo grau de desenvolvimento ou peculiaridades nacionais os diferenciam de outros. Tínhamos apontado, no princípio deste trabalho, que se podiam considerar fatores de exceção a atitude do imperialismo, desorientado diante da Revolução Cubana e, até determinado ponto, a atitude da própria classe burguesa nacional, também desorientada, olhando até com certa simpatia a ação dos rebeldes, devido à pressão do império sobre seus interesses (esta última situação é, além disso, geral a todos os nossos países). Cuba fez de novo o traço na areia e volta ao dilema de Pizarro; de um lado, estão os que amam o povo, e, do outro, os que o odeiam, e, entre eles, cada vez mais definido, o traço que divide infalivelmente as grandes forças sociais: a burguesia e a classe trabalhadora, que definem cada vez com mais clareza suas respectivas posições, à medida que o processo da Revolução Cubana avança.

Isso quer dizer que o imperialismo aprendeu bem a lição de Cuba, e que não voltará a ser apanhado de surpresa em nenhuma das nossas 20 repúblicas, em nenhuma das colônias que ainda existem, em nenhuma parte da América. Quer isto dizer que grandes lutas populares contra poderosos exércitos de invasão aguardam os que pretendam agora violar a paz dos sepulcros, a paz romana. É importante porque, se a guerra de libertação foi dura com seus dois anos de combate contínuo, inquietação e instabilidade, infinitamente mais duras serão as novas batalhas que esperam o povo em outros pontos da América Latina.

Os Estados Unidos apressam a entrega de armas aos governos-fantoches que consideram mais ameaçados; os faz assinar pactos de dependência, para tornar juridicamente mais fácil o envio de instrumentos de repressão e de matança e de tropas treinadas para isso. Intensifica, além disso, a preparação militar dos quadros nos exércitos repressivos, com a intenção de que sirvam de ponta de lança eficiente contra o povo.

E a burguesia? – se perguntará. Porque existem em muitos países da América contradições objetivas entre as burguesias nacionais, que lutam por se desenvolver, e o imperialismo, que inunda o mercado com seus artigos para derrotar, em peleja desigual, o industrial nacional, bem como outras formas ou manifestações de luta pela mais-valia e pela riqueza.

Não obstante essas contradições, as burguesias nacionais não são capazes, regra geral, de manter uma atitude consequente de luta perante o imperialismo.

Isso demonstra que temem mais a revolução popular do que os sofrimentos sob a opressão e o domínio despótico do imperialismo que esmaga a nacionalidade, ultraja o sentimento patriótico e colonializa a economia.

A grande burguesia enfrenta abertamente a revolução e não vacila em se aliar ao imperialismo e ao latifundismo para combater o povo e vedar seu caminho para a revolução.

Um imperialismo desesperado e histórico, decidido a fazer toda a espécie de manobras, a dar armas e até tropas a seus fantoches, para aniquilar qualquer povo que se levante; um latifundismo feroz, sem escrúpulos e experiente nas formas mais brutais de repressão e uma grande burguesia disposta a fechar, por qualquer meio, os caminhos para a revolução popular, eis as grandes forças aliadas que se opõem diretamente às novas revoluções populares da América Latina.

São essas as dificuldades que se devem acrescentar a todas as outras, provenientes de lutas deste tipo nas novas condições da América Latina, depois de consolidado o fenômeno irreversível da Revolução Cubana.

Existem outras dificuldades mais específicas. Os países que, mesmo sem poder falar de uma efetiva industrialização, tenham desenvolvido sua indústria média e ligeira, ou, simplesmente, tenham sofrido processos de concentração da sua população em grandes centros, têm mais dificuldade em preparar guerrilhas. Além disso, a influência ideológica dos centros populacionais inibe a luta de guerrilhas e dá chance a lutas de massas organizadas pacificamente.

Isso dá origem a determinada "institucionalização", ou seja, a que, em períodos mais ou menos "normais", as condições sejam menos duras que o habitual tratamento que se dá ao povo.

Chega a conceber-se mesmo a ideia de possíveis aumentos quantitativos de elementos revolucionários nos bancos das Assembleias, a um ponto tal que um dia permita uma mudança qualitativa.

Segundo cremos, é muito difícil que essa esperança chegue a realizar-se, nas condições atuais, em qualquer país da América. Ainda que não esteja excluída a possibilidade de que a mudança em qualquer país se inicie por via eleitoral, as condições que neles prevalecem tornam essa possibilidade muito remota.

Os revolucionários não podem prever de antemão todas as variantes táticas que podem se apresentar no decurso da luta pelo seu programa libertador. A real capacidade de um revolucionário mede-se pelo saber encontrar táticas revolucionárias adequadas em cada mudança de situação, em ter presente todas as táticas e em explorá-las ao máximo. Seria um erro imperdoável subestimar o proveito que o programa revolucionário pode tirar de um dado processo eleitoral; seria também imperdoável limitar-se apenas ao eleitoral e não ver os outros meios de luta, inclusive a luta armada, para conquistar o poder que é o instrumento indispensável para aplicar e desenvolver o programa revolucionário, porque, se não se alcançar o poder, todas as demais conquistas são instáveis, insuficientes, incapazes de dar as soluções necessárias, por mais avançadas que possam parecer.

E quando se fala de poder pela via eleitoral, nossa pergunta é sempre a mesma: se um governo popular ocupa o governo de um país por ampla votação popular e resolve, consequentemente, iniciar as grandes transformações sociais que constituem o programa com que triunfou, não entraria imediatamente em conflito com as classes reacionárias desse país? Não foi sempre o Exército o instrumento de opressão dessa classe? Se assim é, é lógico pensar que esse Exército tomará partido por sua classe e entrará em conflito com o governo constituído. Esse governo pode ser derrubado mediante um golpe de Estado mais ou menos sangrento e recomeçar um jogo que nunca mais acaba; pode, por sua vez, derrotar-se o exército opressor mediante a ação popular armada em apoio de seu governo; o que nos parece difícil é que as Forças Armadas aceitem de bom grado reformas sociais profundas e se resignem mansamente à sua liquidação como casta.

Relativamente ao que atrás referimos sobre as grandes concentrações urbanas, o nosso modesto parecer é que, mesmo nestes casos, em condições de atraso econômico, pode ser aconselhável desenvolver a luta fora dos limites da cidade, com características de longa duração. Mais explicitamente, a presença de um foco guerrilheiro numa montanha qualquer, num país com cidades populosas, mantém aceso o foco de rebelião, já que é muito difícil que os poderes repressivos possam rapidamente, e mesmo durante anos, liquidar guerrilhas com bases sociais assentes num terreno favorável à luta guerrilheira, onde haja pessoas que empreguem consequentemente a tática e a estratégia desse tipo de luta.

É muito diferente o que aconteceria nas cidades; pode ali desenvolver-se, até extremos não imaginados, a luta armada contra o exército repressivo, mas essa luta só será frontal quando houver um exército poderoso que lute contra outro exército; não se pode iniciar uma luta frontal contra um exército poderoso e bem armado quando se tem apenas um pequeno grupo.

A luta frontal se faria, então, com muitas armas e surge a pergunta: onde estão as armas? As armas não aparecem por si, há que pegá-las do inimigo; mas, para pegá-las desse inimigo, é preciso lutar e não se pode lutar de frente. Depois, a luta nas grandes cidades deve se iniciar através de um procedimento clandestino para captar os grupos militares ou para ir apanhando armas, uma a uma, em sucessivos golpes de mão.

Neste segundo caso, pode avançar-se muito e não nos atreveríamos a afirmar que não teria êxito uma rebelião popular com base guerrilheira dentro da cidade. Ninguém pode objetar teoricamente essa ideia, pelo menos não é nossa intenção, mas devemos sim notar quão fácil seria, mediante alguma denúncia, ou, simplesmente, mediante investigações sucessivas, eliminar os chefes da revolução. Pelo contrário, mesmo considerando que se efetuem todas as manobras concebíveis na cidade, que se recorra à sabotagem organizada e, sobretudo, a uma forma particularmente eficaz da guerrilha que é a guerrilha suburbana, mas mantendo o núcleo em terrenos favoráveis à luta guerrilheira, se o poder opressor derrotar todas as forças populares da cidade e aniquilá-las, o poder revolucionário permanece intacto, porque está relativamente a salvo das contingências da guerra. Considerando sempre que está relativamente a salvo, mas não fora da guerra, ou que a dirige de outro país ou de lugares distantes: está dentro de seu povo, lutando. São essas as considerações que nos fazem pensar que, mesmo analisando países em que o predomínio urbano é muito grande, o foco central político da luta pode se desenvolver no campo.

Voltando ao caso de contar com células militares que ajudem a dar o golpe e forneçam as armas, é necessário analisar dois problemas: primeiro, se esses militares se unem realmente às forças populares para o golpe, considerando-se eles mesmos núcleo organizado e capaz de autodecisão; nesse caso, será um golpe de uma parte do Exército contra outra e, muito provavelmente, permanece intacta a estrutura de casta no Exército. O outro caso, o de que os Exércitos se unissem rápida e espontaneamente às forças populares, só se pode dar, a nosso ver, depois de eles terem sido batidos violentamente por um inimigo poderoso e persistente, quer dizer, em condições de catástrofe para o poder constituído. Nas condições de um Exército derrotado, com o moral destruído, pode suceder esse fenômeno, mas para que suceda é necessária a luta e voltamos sempre ao primeiro ponto: como realizar essa luta? A resposta nos levará ao desenvolvimento da luta de guerrilhas em terrenos favoráveis, apoiada pela luta nas cidades e contando sempre com a mais ampla participação possível das massas trabalhadoras e, naturalmente, guiadas pela ideologia dessa classe.

Como já analisamos suficientemente as dificuldades com que deparavam os movimentos revolucionários da América Latina, cabe agora perguntar se há ou não algumas facilidades no que respeita à etapa anterior, a de Fidel Castro em Sierra Maestra.

Cremos que também aqui há condições gerais que facilitam o aparecimento de focos de rebeldia e condições específicas de alguns países que as facilitam ainda mais. Devemos apontar duas razões subjetivas como as consequências mais importantes da Revolução Cubana; a primeira, é a possibilidade do triunfo, pois que agora se conhece perfeitamente a capacidade de coroar com êxito uma empresa como a realizada por aquele grupo de expedicionários sonhadores do *Granma*, na sua luta de dois anos em Sierra Maestra; isso indica imediatamente que se pode fazer um movimento revolucionário que atue a partir dos campos, que se ligue às massas camponesas, que se torne cada vez maior, que destrua o Exército em luta frontal, que tome as cidades a partir dos campos, que vá incrementando, com a sua luta, as condições subjetivas para tomar o poder.

A importância desse feito se vê na quantidade de excepcionalistas que surgiram nessa altura. Os excepcionalistas são seres especiais que acham que a Revolução Cubana é um acontecimento único e inimitável no mundo, conduzido por um homem que tem ou não tem falhas, consoante o excepcionalista seja de direita ou de esquerda, mas que, evidentemente, conduziu a revolução por veredas que se abriram única e exclusivamente para que por lá passasse a Revolução Cubana. Sem qualquer falsidade, afirmamos que a possibilidade de triunfo das massas populares da América Latina está claramente expressa pelo caminho da luta de guerrilhas, com base no exército camponês, na aliança dos operários com os camponeses, na derrota do Exército em luta frontal, na conquista da cidade a partir dos campos, na dissolução do Exército como primeira etapa da ruptura total da superestrutura do mundo colonialista anterior.

Podemos apontar, como segundo fator subjetivo, que as massas conhecem não só as possibilidades de triunfo, mas conhecem também seu destino. Sabem cada vez com maior certeza que, sejam quais forem as atribuições da história durante certos períodos, o futuro é do povo, porque o futuro é da justiça social. Isso ajudará a elevar o fermento revolucionário para níveis ainda mais altos do que os atualmente alcançados na América Latina.

Poderíamos anotar algumas considerações não tão genéricas e que não se dão com a mesma intensidade em todos os países. Uma delas, extremamente importante, é que há, em geral, mais exploração camponesa, em todos os países da América, do que a que houve em Cuba. Recorde-se, para os que pretendam ver no período insurrecional de nossa luta o papel da proletarização do campo, que, em nosso entender, a proletarização do campo serviu para acelerar profundamente a etapa da cooperativização, no passo seguinte ao da tomada do poder e da reforma agrária, mas que, na primeira luta, o camponês, centro e medula do Exército Rebelde, é o mesmo que hoje está em Sierra Maestra, orgulhosamente dono de sua parcela de terra e intransigentemente individualista. É claro que na América há particularidades: um camponês argentino não tem a mesma mentalidade que um camponês comum do Peru, da Bolívia ou do Equador, mas a fome de terra está sempre presente nos campos e o campesinato dá a tônica geral da América, e como, em geral, está ainda mais explorado do que tinha sido em Cuba, aumentam as possibilidades de que essa classe se levante em armas.

Além disso, há outro fato. O exército de Batista, com todos os seus enormes defeitos, era um exército estruturado, de tal forma que, na exploração do povo, todos eram cúmplices, desde o último soldado ao mais graduado dos generais. Eram exércitos mercenários completos, e isso dava certa coesão ao aparelho repressivo. Os exércitos da América, em sua maioria, têm um oficialato profissional e recrutamentos periódicos. Todos os anos são recrutados os jovens que abandonam sua terra onde diariamente viam, com os próprios olhos, o sofrimento dos pais, sentindo na pele a miséria e a injustiça social. Se um dia são enviados como carne de canhão para lutar contra os defensores de uma doutrina que eles sentem como justa em sua carne, sua capacidade agressiva ficará profundamente afetada, e, com sistemas de divulgação adequados, mostrando aos recrutas a justiça da luta, a razão da luta, se obterão magníficos resultados.

Podemos dizer, depois deste estudo sumário do fato revolucionário, que a Revolução Cubana contou com fatores excepcionais que lhe dão sua peculiaridade, e com fatores comuns a todos os povos da América que expressam a necessidade interior desta revolução. E vemos também que há novas condições que tornarão mais fácil o aparecimento dos movimentos revolucionários, dando às massas a consciência da necessidade e a certeza da possibilidade; e que, ao mesmo tempo, há condições que dificultarão que as massas em armas possam rapidamente alcançar seu objetivo de conquistar o poder. É assim a aliança estreita do imperialismo com todas as burguesias americanas, para lutar de mãos dadas contra a força popular. Dias negros esperam a América Latina e as últimas declarações dos governantes dos Estados Unidos parecem indicar que dias negros esperam o mundo. Lumumba, selvaticamente assassinado, mostra na grandeza de seu martírio o ensinamento dos trágicos erros que não se devem cometer. Uma vez iniciada a luta anti-imperialista, é indispensável ser consequente e deve dar-se duro, doa a quem doer, constantemente, e nunca dar um passo atrás; sempre em frente, sempre contra-atacando, respondendo sempre a cada agressão com uma pressão mais forte das massas populares. É a maneira de triunfar. Em outra oportunidade analisaremos se a Revolução Cubana, depois da tomada do poder, caminhou por essas novas vias revolucionárias com fatores de excepcionalidade ou se também aqui, respeitando embora determinadas características especiais, houve fundamentalmente um caminho lógico derivado de leis imanentes aos processos sociais.

CAPÍTULO 3

O que deve ser um jovem comunista

(Outubro de 1962)

Caros companheiros: uma das tarefas mais gratas de um revolucionário é ir observando, no decurso dos anos de revolução, como vão se formando, purificando e fortalecendo as instituições que surgiram no início da revolução; como se convertem em verdadeiras instituições com força, vigor e autoridade entre as massas, aquelas organizações que começaram em pequena escala, com muitas dificuldades, com muitas indecisões, e foram se transformando, mediante o trabalho diário e o contato com as massas, em pujantes representações do movimento revolucionário de hoje.

A União de Jovens Comunistas tem quase a mesma idade que nossa revolução, através dos diferentes homens e das diferentes formas de organização. No princípio era uma emanação do Exército Rebelde. Daí lhe veio talvez, também, o nome. Era uma organização ligada ao exército para iniciar a juventude cubana nas tarefas massivas da defesa nacional, que era o problema mais urgente e aquele que necessitava de uma solução mais rápida.

No antigo Departamento de Instrução do Exército Rebelde nasceram a Associação de Jovens Rebeldes e as Milícias Nacionais Revolucionárias que depois adquiriram vida própria: esta última era uma pujante formação de povo armado, representante do povo armado e com categoria própria, fundida com o nosso exército nas tarefas de defesa. A outra era uma organização destinada à superação política da juventude cubana.

Depois, após se ir consolidando a revolução, pudemos já estabelecer as novas tarefas que se veem no horizonte, e o companheiro Fidel sugeriu a mudança de nome desta organização. Uma mudança de nome que é toda uma expressão de princípios. A União de Jovens Comunistas se orienta diretamente para o futuro.

Está articulada com vista ao futuro luminoso da sociedade socialista, depois de atravessar o caminho difícil, em que agora estamos, da construção de uma sociedade nova, no caminho da garantia total da ditadura de classe, expressa através da sociedade socialista, para chegar finalmente à sociedade sem classes, a sociedade perfeita, a sociedade que vocês estão encarregados de construir, orientar e dirigir no futuro.

Para isso, a União de Jovens Comunistas ergue seus símbolos, que são os símbolos de todo o povo de Cuba: o estudo, o trabalho e o fuzil.

E em suas medalhas se veem dois dos maiores expoentes da juventude cubana, ambos tragicamente mortos, aos quais não foi dado ver o resultado final desta luta em que todos estamos empenhados: Julio Antonio Mellia e Camilo Cienfuegos.

Neste segundo aniversário, nesta hora de construção febril, de preparativos constantes para a defesa do país, de preparação técnica e tecnológica acelerada ao máximo, deve pôr-se sempre, e antes de qualquer outra coisa, o problema do que é e do que deve ser a União de Jovens Comunistas.

A União de Jovens Comunistas tem de definir-se com uma só palavra: vanguarda. Vocês, companheiros, devem ser a vanguarda de todos os movimentos. Os primeiros nos sacrifícios exigidos pela revolução, qualquer que seja a índole desses sacrifícios. Os primeiros no trabalho. Os primeiros no estudo. Os primeiros na defesa do país.

E apresentar essa tarefa não apenas como a expressão total da juventude de Cuba, não apenas como uma tarefa de grandes massas articuladas em uma instituição, mas como tarefas diárias de cada um dos que integram a União de Jovens Comunistas. Para isso, há que estabelecer tarefas reais e concretas: tarefas de trabalho cotidiano que não podem admitir o mínimo desfalecimento.

A organização deve estar constantemente unida a todo o trabalho desenvolvido na União de Jovens Comunistas. A organização é a chave que permite agarrar as iniciativas lançadas pelos líderes da revolução, as iniciativas estabelecidas em diversas ocasiões pelo nosso primeiro-ministro, e as iniciativas surgidas no seio da classe operária, que devem se transformar também em diretrizes precisas, em ideias precisas para a ação subsequente.

Se não houver a organização, as ideias, depois do primeiro momento de impulso, vão perdendo eficácia, vão caindo na rotina, vão caindo no conformismo e acabam por ser apenas uma recordação.

Faço essa advertência porque muitas vezes, nesse curto e contudo tão rico período de nossa revolução, muitas e grandes iniciativas fracassaram, caíram no esquecimento por falta do aparelho organizativo necessário para poder sustentá-las e levar a bom termo.

Ao mesmo tempo, todos e cada um de vocês deve ter presente que ser jovem comunista, pertencer à União de Jovens Comunistas, não é um favor que alguém vos concede, não é um favor que vocês concedem ao Estado ou à revolução. Pertencer à União de Jovens Comunistas deve ser a maior honra de um jovem da sociedade nova. Deve ser uma honra pela qual lutem em cada momento da vossa existência. E, além disso, a honra de se manter e manter bem alto o nome individual no grande nome da União de Jovens Comunistas.

Desse modo avançaremos ainda mais rapidamente. Se nos acostumarmos a pensar como massa, a atuar com as iniciativas que nos oferece a massa trabalhadora e as iniciativas dos nossos dirigentes supremos; e, ao mesmo tempo, atuar sempre como indivíduos, permanentemente preocupados com os nossos próprios atos, permanentemente preocupados em não manchar nosso nome nem o nome da associação a que pertencemos.

Passados dois anos, podemos recapitular e observar quais foram os resultados desta tarefa. E há enormes feitos na vida da União de Jovens Comunistas. Um dos mais importantes e espetaculares foi o da defesa.

Os jovens que primeiro – alguns deles – subiram os cinco picos do Turquino; os que empunharam o fuzil e os momentos de perigo estiveram prontos a defender a revolução em cada um dos lugares em que se esperava a invasão ou a ação inimiga.

Aos jovens de Playa Girón coube a elevada honra de ali poderem defender a nossa revolução e as instituições que criamos à custa de sacrifícios, o avanço que todo o povo conseguiu em anos de luta; toda a nossa revolução ali se defendeu em 72 horas de luta.

A intenção do inimigo era criar na praia uma posição avançada suficientemente forte, apetrechada com um aeroporto, que permitisse hostilizar todo o nosso território, bombardeando sem piedade, para converter nossas fábricas em cinzas, reduzir a pó nossos meios de comunicação, arruinar nossa agricultura. Numa palavra: semear o caos em nosso país. A ação decidida do povo liquidou a intentona imperialista em 72 horas apenas.

Jovens que ainda eram crianças, cobriram-se de glória. Alguns estão hoje aqui como expoentes dessa juventude heroica, e, de outros, nos fica, pelo menos, seu nome como recordação, como estímulo para novas batalhas e novos heroísmos.

No momento em que a defesa do país era a tarefa mais importante, a juventude esteve presente. Hoje, a defesa do país continua a ser o primeiro dos nossos deveres. Mas não devemos esquecer que a palavra de ordem que guia os Jovens Comunistas é extremamente coerente: não pode haver defesa do país apenas pelo exercício das armas, prontas para a defesa, mas, além disso, devemos defender o país construindo com nosso trabalho e preparando os novos quadros técnicos para acelerar seu desenvolvimento nos próximos anos. Agora, esta tarefa adquire uma enorme importância e se coloca no mesmo nível do exercício direto das armas.

Quando se puseram problemas como este, a juventude disse presente. Os jovens das brigadas responderam ao apelo da revolução, invadiram todos os lugares do país. E assim, em poucos meses e em batalha bem dura – em que houve mesmo mártires da revolução, mártires da educação –, pudemos anunciar uma situação nova na América; a de que Cuba era um território livre de analfabetismo.

O estudo mesclado ao trabalho, como no caso dos jovens estudantes que andam na colheita do café no Oriente, que utilizam suas férias para colher um grão tão importante em nosso país, para o comércio externo e para nós próprios que, todos os dias, consumimos grande quantidade de café. Essa tarefa é semelhante à da alfabetização. É uma tarefa de sacrifício que se faz alegremente, reunindo-se os companheiros estudantes – mais uma vez montanhas de nosso país para aí levar sua mensagem revolucionária.

Essas tarefas são muito importantes porque nelas a União dos Jovens Comunistas, os jovens comunistas, não se limitam a dar, e recebem, em alguns casos, mais do que aquilo que dão: adquirem experiências novas, uma nova experiência do contato humano, novas experiências de como vivem nossos camponeses, de como é o trabalho e a vida nos lugares afastados, de tudo o que há a fazer para elevar aquelas regiões ao mesmo nível dos outros lugares mais conhecidos do campo e das cidades. Adquirem experiência e maturidade revolucionárias.

Os companheiros que se entregam às tarefas de alfabetizar ou recolher o café, em contato direto com nosso povo, o ajudando longe de suas casas, recebem – podemos afirmá-lo – mais ainda do que aquilo que dão; e dão muito!

É essa a educação que melhor se coaduna com uma juventude que se prepara para o comunismo: a forma de educação na qual o trabalho perde a categoria de obsessão que tem no mundo capitalista e passa a ser um grato dever social, que se realiza com alegria, ao som de cânticos revolucionários, no meio da camaradagem mais fraternal, no meio de contatos humanos que dão vigor a uns e outros e a todos elevam.

Além disso, a União de Jovens Comunistas avançou muito em sua organização. De débil embrião, que se formou como apêndice do Exército Rebelde, até esta organização de hoje, vai uma grande diferença. Em toda parte, em todos os centros de trabalho, em todos os organismos administrativos, em todos os lugares onde possam exercer sua ação, há jovens comunistas que aí estão trabalhando para a revolução.

O avanço organizativo também deve ser considerado uma conquista importante da União de Jovens Comunistas.

Contudo, companheiros, neste caminho difícil tem havido muitos problemas, tem havido grandes dificuldades, tem havido graves erros, e nem sempre temos conseguido superá-los. É evidente que a União de Jovens Comunistas como organismo menor, como irmão mais novo das Organizações Revolucionárias Integradas, tem de beber aí das experiências dos companheiros que trabalharam mais em todas as tarefas revolucionárias, e deve escutar sempre – com respeito – a voz dessa experiência.

Mas a juventude tem de criar. Uma juventude que não cria é, realmente, uma anomalia. E à União de Jovens Comunistas tem faltado um pouco de espírito criador. Tem sido, através da sua direção, demasiado reverente e pouco decidida a equacionar problemas próprios. Hoje está se acabando com isso. O companheiro Joel nos falou da iniciativa dos trabalhos nas granjas. São exemplos de como se começa a quebrar a dependência total – que se torna absurda – de um organismo maior, de como se começa a pensar pela própria cabeça.

Acontece que nós, e como nós nossa juventude, estamos convalescentes de uma doença que, felizmente, não se alastrou muito, mas que teve grande influência no atraso do desenvolvimento do aprofundamento ideológico de nossa revolução. Somos todos convalescentes desse mal que se chama sectarismo.

Ao que conduziu o sectarismo? Conduziu à cópia mecânica, às análises formais, à separação entre a direção e as massas. Até mesmo em nossa Direção Nacional. E o reflexo direto se produziu aqui, na União de Jovens Comunistas.

Se nós, também desorientados pelo fenômeno do sectarismo, não conseguíamos captar a voz do povo, que é a voz mais sábia e orientadora, se não conseguíamos captar as aspirações do povo para poder transformá-las em ideias concretas, em diretrizes precisas, mal poderíamos dar essas diretrizes à União de Jovens Comunistas. E como a dependência era absoluta, como a docilidade era muito grande, a União de Jovens Comunistas navegava como um pequeno barco rebocado, dependente do barco maior: as nossas Organizações Revolucionárias. Mas essas também andavam a reboque.

Aqui se levaram a cabo pequenas iniciativas, única coisa que a União de Jovens Comunistas era capaz de produzir, as quais, às vezes, se transformavam em *slogans* vulgares, em evidentes manifestações sem profundidade ideológica.

O companheiro Fidel fez sérias críticas aos extremismos e às expressões, algumas bem conhecidas de todos vocês, como: "a ORI[1] é a candeia...", "somos socialistas, em frente, em frente...". Todas aquelas coisas que Fidel criticou, e que vocês bem conhecem, eram o reflexo do mal que pesava sobre nossa revolução.

Saímos dessa etapa. Liquidamo-la totalmente. Não obstante, os organismos vão sempre um pouco mais lentamente. É como um mal que tivesse posto uma pessoa inconsciente. Quando o mal cede, o cérebro recupera a clareza mental, mas, contudo, os membros não coordenam bem seus movimentos. Nos primeiros dias, depois de se levantar da cama, o andar é inseguro e só pouco a pouco se vai adquirindo a nova segurança. Nós estamos nesse caminho.

---

[1] ORIs – Organizações Revolucionárias Integradas, já referidas. (NT)

Assim, devemos definir e analisar objetivamente todos os nossos organismos para irmos melhorando-os. Saber, para não cair, para não tropeçar e cair no chão, que ainda temos os passos vacilantes. Conhecer nossas fraquezas para liquidá-las e adquirir mais força.

Essa falta de iniciativa própria se deve ao desconhecimento, durante muito tempo, da dialética que move os organismos de massas e o esquecimento de que os organismos, como a União de Jovens Comunistas, não podem ser simplesmente de direção, não podem ser algo que constantemente dê diretrizes às bases e delas não receba nada.

Pensava-se que a União de Jovens Comunistas e todas as organizações de Cuba eram organizações com uma só orientação. Uma só orientação que ia do o topo às bases, mas que não tinha um cabo de retorno que trouxesse a comunicação das bases. Um duplo e constante intercâmbio de experiências, de ideias, de diretrizes, que acabaram por ser as mais importantes, as que fizeram centrar o trabalho de nossa juventude.

Ao mesmo tempo, podiam-se observar os pontos em que o trabalho fora mais frouxo, os pontos em que se fraquejara mais.

Nós sabemos, contudo, como os jovens, quase heróis de romances, podem entregar cem vezes sua vida pela revolução; e que, ao serem chamados para qualquer tarefa concreta e esporádica, marcham em massa para ela. Não obstante, às vezes faltam a seu trabalho porque tinham uma reunião dos Jovens Comunistas, ou porque se deitaram tarde na véspera, discutindo alguma iniciativa dos Jovens Comunistas, ou simplesmente não vão ao trabalho, sem causa justificada.

Quando se observa uma brigada de trabalho voluntário em que se supõe que estão os Jovens Comunistas, em muitos casos não estão lá. Nem um.

O dirigente tinha de ir a uma reunião, outro estava doente, outro não estava a par da situação. E o resultado é que a atitude fundamental, a atitude de vanguarda do povo, a atitude de exemplo vivo que comove e leva o mundo para a frente – como fizeram os jovens de Playa Girón –, essa atitude não se repete no trabalho. A seriedade que a juventude de hoje deve ter para enfrentar os grandes compromissos – e o maior compromisso é a construção da sociedade socialista – não se reflete no trabalho concreto.

Há grandes debilidades e é preciso trabalhar com elas em mente. Trabalhar organizando, trabalhar sobretudo onde é mais difícil, onde há debilidades a corrigir, e trabalhar em cada um de vocês para que fique bem claro na consciência que não pode ser bom comunista aquele que apenas pensa na revolução quando chega o momento do sacrifício, do combate, da aventura heroica, daquilo que sai fora do vulgar e do cotidiano e, contudo, no trabalho é medíocre ou menos que medíocre.

Como isso pode ser possível, se vocês já têm o nome de jovens comunistas, nome que nós, apesar de organização dirigente, de partido dirigente, não temos? Vocês que têm de construir um futuro no qual o trabalho será a dignidade máxima do homem, um dever social, um prazer a que o homem se entrega, em que o trabalho será criador ao máximo e toda a gente deverá estar interessada em seu trabalho e no dos outros, no avanço da sociedade, dia a dia.

Como pode ser possível que vocês, que já hoje têm esse nome, desdenhem o trabalho? Existe aí uma falha.

Uma falha de organização, de esclarecimento e de trabalho. Uma falha, além do mais, humana. A todos nós – creio que a todos – nos agrada muito mais aquilo que quebra a monotonia da vida, aquilo que, de repente, de vez em quando, faz alguém pensar em seu próprio valor, em seu valor na sociedade.

Estou imaginando o orgulho daqueles companheiros que estavam numa "quatro bocas", por exemplo, defendendo sua pátria dos aviões ianques, e de repente têm a sorte de ver que suas balas atingiram um avião inimigo. Evidentemente, é o momento mais feliz da vida de um homem. É uma coisa que nunca se esquece. Nunca o esquecerão os companheiros que viveram essa experiência.

Mas nós temos de defender nossa revolução, aquela que estamos fazendo todos os dias. E para poder defendê-la é preciso fazê-la, construindo-a, fortificando-a com esse trabalho que hoje não agrada à juventude, ou que, pelo menos, é considerado o último dos seus deveres, porque ainda conserva a mentalidade antiga, a mentalidade do mundo capitalista, isto é, de que o trabalho é um dever e uma necessidade, mas um dever e uma necessidade tristes.

Por que isso acontece? Porque ainda não demos ao trabalho seu verdadeiro sentido. Não fomos capazes de unir o trabalhador ao objeto de seu trabalho. E, ao mesmo tempo, não fomos capazes de incutir no trabalhador a consciência da importância do ato criativo que dia a dia realiza.

O trabalhador e a máquina, o trabalhador e o objeto sobre o qual se exerce o trabalho, são duas coisas diferentes, antagônicas. Aí é preciso trabalhar, para ir formando novas gerações que tenham o máximo de interesse em trabalhar e saibam encontrar no trabalho uma fonte permanente, e constantemente em mudança, de novas emoções. Fazer do trabalho algo de criador, algo de novo.

Talvez esse seja o ponto mais fraco em nossa União de Jovens Comunistas. Por isso saliento esse ponto, e no meio da alegria da celebração dessa data de aniversário, volto a pôr a pequena gota de amargura para tocar o ponto sensível, para levar a juventude a reagir.

Hoje estivemos numa assembleia onde se discutiu o estímulo no Ministério. Muitos de vocês, provavelmente, já discutiram o estímulo em seu centro de trabalho e já leram um terrível papel que circula por aí. Mas qual é, companheiros, o problema do estímulo? O problema é que o estímulo não pode ser regido por papéis que o regulamentem, o ordenem e lhe deem uma forma. O regulamento e a forma são necessários para poder comparar depois o trabalho das pessoas entusiasmadas que se estimulam.

Quando dois companheiros se estimulam, cada um em sua máquina, para construir mais, passado algum tempo começam a sentir a necessidade de um regulamento, para determinar qual dos dois produz mais em sua máquina, e que quantidade de produto, as horas de trabalho, o modo como a máquina fica depois, como trataram dela etc. Mas se, em vez de serem dois companheiros, que efetivamente se estimulam, e aos quais vamos dar um regulamento, aparece um regulamento para outros dois que estão pensando quando chega a hora de ir para casa, para que serve o regulamento, qual sua função?

Em muitos aspectos, estamos trabalhando com regulamento e fazendo a forma para algo que não existe. A forma tem de ter um conteúdo, o regulamento tem de ser, nesses casos, aquilo que define e limita uma situação já criada. O regulamento deveria ser o resultado do estímulo – mesmo conduzido anarquicamente, mas entusiasta, transbordante – para todos os centros de trabalho de Cuba. Então, automaticamente, surgiria a necessidade de exercer um estímulo com regulamento.

Assim temos tratado muitos problemas, assim temos sido deformados no tratamento de muitas coisas. E quando nesta assembleia perguntei por que não tinha aparecido, ou quantas vezes tinha aparecido o secretário dos Jovens Comunistas, soube que tinha aparecido algumas vezes, mas poucas, e que os Jovens Comunistas não tinham aparecido.

Mas no decurso da assembleia, discutindo esses e outros problemas, os Jovens Comunistas, o Núcleo, a Federação de Mulheres, os Comitês de Defesa e o Sindicato encheram-se, naturalmente, de entusiasmo. Pelo menos encheram-se de um remorso interno, de amargura, de um desejo de melhorar, de um desejo de demonstrar que eram capazes de fazer aquilo que não se tem feito: incitar as pessoas. Então, prontamente, todos se comprometeram a fazer que todo o Ministério estimulasse, em todos os níveis, a discutir o regulamento, depois de estabelecer os estímulos, e a voltar, passados 15 dias, para apresentar já fatos concretos, com todo o Ministério se estimulando entre si.

Ali já há mobilização. As pessoas já compreenderam e já sentiram intimamente – porque cada um desses companheiros é um grande companheiro – que havia certa frouxidão em seu trabalho. Se sentiram feridos em sua dignidade e agiram. É isto que tem de se fazer. Nos lembrarmos de que o trabalho é o mais importante. Me perdoem se insisto, uma e outra vez, mas acontece que sem trabalho não existe nada. Sem o trabalho extra que se dá para criar mais excedente para novas fábricas e para novas instalações sociais, o país não avança. E por mais fortes que sejam nossos exércitos teremos sempre um ritmo lento de crescimento;

é preciso acabar com isso, acabar com todos os velhos erros, trazê-los a público, analisá-los em cada lugar e, então, corrigi-los.

Companheiros, quero agora dar a conhecer qual é a minha opinião, a visão de um dirigente nacional das ORIs, daquilo que deve ser um jovem comunista, para ver se todos estamos de acordo.

Eu creio que a primeira coisa que deve caracterizar um jovem comunista é a honra que sente por ser jovem comunista. Essa honra que o leva a mostrar a toda a gente sua condição de jovem comunista, que não o submete à clandestinidade, que o não reduz a fórmulas, mas que ele manifesta em cada momento, que lhe sai do espírito, que tem interesse em demonstrá-lo porque é seu símbolo de orgulho.

Junta-se a isso um grande sentido do dever para com a sociedade que estamos construindo, para com os nossos semelhantes como seres humanos e para com todos os homens do mundo.

Isso é algo que deve caracterizar o jovem comunista. Paralelamente, uma grande sensibilidade a todos os problemas e uma grande sensibilidade em relação à injustiça. Espírito inconformado sempre que surge algo que está mal, seja quem for que o tenha dito. Manifestar tudo o que não se compreender. Discutir e pedir esclarecimento acerca de tudo o que não é claro. Declarar guerra ao formalismo, a todos os tipos de formalismo. Estar sempre aberto para receber as novas experiências, para ajustar a grande experiência da humanidade, que tem muitos anos de avanço pela senda do socialismo, às condições concretas de nosso país, às realidades existentes em Cuba; e pensar – todos e cada um – como mudar e melhorar a realidade.

O jovem comunista deve se propor ser sempre o primeiro em tudo, lutar por ser o primeiro, e se sentir incomodado quando em alguma coisa ocupa outro lugar. Lutar por melhorar, por ser o primeiro. Claro que nem todos podem ser os primeiros, mas podem estar entre os primeiros, no grupo da vanguarda. Ser um exemplo vivo, ser o espelho em que se olham os companheiros que não pertencem às juventudes comunistas, ser o exemplo para onde possam olhar os homens e mulheres de idade mais avançada que perderam certo entusiasmo juvenil, que perderam a fé na vida e que, perante o estímulo do exemplo, reagem sempre bem. Essa é outra das tarefas dos jovens comunistas.

Junta-se a isso um grande espírito de sacrifício, um espírito de sacrifício não apenas para as jornadas heroicas, mas para todos os momentos. Se sacrificar ajudando o companheiro nas pequenas tarefas para que desse modo possa cumprir seu trabalho, para que possa cumprir seu dever na escola, no estudo, para que, de qualquer maneira, possa melhorar. Estar sempre atento a toda a massa humana que o rodeia. Isto é, propõe-se a todo jovem comunista que seja essencialmente humano, que seja tão humano que se aproxime daquilo que há de melhor no humano, que purifique o melhor do homem por meio do trabalho, do estudo, do exercício da solidariedade contínua com o povo e com todos os povos do mundo, que desenvolva ao máximo a sensibilidade a ponto de se sentir angustiado quando um homem é assassinado em qualquer recanto do mundo, ou entusiasmado quando uma nova bandeira de liberdade se levanta em qualquer recanto do mundo.

O jovem comunista não pode estar limitado pelas fronteiras de um território. O jovem comunista deve praticar o internacionalismo proletário e senti-lo como coisa sua. Lembrar-se, como todos nós devemos nos lembrar, aspirantes a comunistas aqui em Cuba, de que se é um exemplo real e palpável para toda a nossa América, e mais ainda do que para a nossa América, para outros países do mundo que também lutam em outros continentes pela sua liberdade, contra o colonialismo, contra o neocolonialismo, contra o imperialismo e contra todas as formas de pressão dos sistemas injustos. Lembrar sempre que somos um archote aceso, que somos o mesmo espelho que cada um de nós individualmente é para o povo de Cuba, e somos esse espelho para que nele se olhem os povos da América, os povos do mundo oprimido que lutam por sua liberdade. E devemos ser dignos desse exemplo. A qualquer momento, e a qualquer hora, devemos ser dignos desse exemplo.

Isso é o que nós pensamos que deve ser um jovem comunista. E se alguém nos disser que somos românticos, que somos idealistas inveterados, que estamos pensando em coisas impossíveis, e que não se pode conseguir da massa de um povo que seja quase um arquétipo humano, nós temos de responder, uma e mil vezes, que sim, que se pode, que temos a certeza de que todo o povo pode ir avançando, ir liquidando a mesquinhez humana, como se tem liquidado em Cuba nestes quatro anos de revolução, nos aperfeiçoando como nos aperfeiçoamos todos, dia a dia, liquidando intransigentemente aqueles que ficam para trás, que não são capazes de avançar ao ritmo em que avança a Revolução Cubana. Tem de ser assim, deve ser e assim será, companheiros. Será assim porque vocês são jovens comunistas, criadores da sociedade perfeita, seres humanos destinados a viver em um mundo novo de onde terá desaparecido, definitivamente, tudo o que é caduco, tudo o que é velho, tudo o que representa a sociedade cujas bases acabam de ser destruídas.

Para o conseguir, há que trabalhar todos os dias. Trabalhar no sentido interno de aperfeiçoamento, de aumento dos conhecimentos, do aumento da compreensão do mundo que nos rodeia. Inquirir, averiguar e conhecer bem o porquê das coisas, equacionar sempre os grandes problemas da humanidade como problemas próprios.

Assim, em um dado momento, num dia qualquer dos próximos anos – depois de passar muitos sacrifícios, depois de termos estado muitas vezes à beira da destruição, depois de termos visto, possivelmente, como nossas fábricas são destruídas e de termos novamente as reconstruído, depois de assistirmos ao assassinato; à matança de muitos de nós e de reconstruirmos o que foi destruído, no fim de tudo isso, num dia qualquer, quase sem nos darmos conta, teremos criado, com os outros povos do mundo, a sociedade comunista, nosso ideal.

Companheiros, é uma enorme tarefa falar à juventude. Nesse momento, uma pessoa se sente capaz de transmitir algumas coisas embora se note a compreensão da juventude. Há muitas coisas que gostaria de dizer sobre todos os nossos esforços e anseios. O modo como, todavia, muitos deles acabam diante da realidade diária e o modo como é preciso recomeçar. Dos momentos de fraqueza e de como o contato com o povo – com os ideais e a pureza do povo – nos infunde novo fervor revolucionário. Haveria muitas coisas para dizer. Mas também temos de cumprir os nossos deveres. E aproveito para explicar por que me despeço de vocês, intencionalmente, se quiserem. Me despeço porque vou cumprir o meu dever de trabalhador voluntário em uma fábrica de têxteis. Já lá estamos trabalhando há algum tempo. Estamos competindo com a Empresa Reunida de Fiação e Tecidos Lisos e com a Junta Central de Planificação.

Devo-lhes dizer, com toda a franqueza, que o Ministério da Indústria está no último lugar relativamente ao estímulo, que temos de fazer um esforço maior e melhor, constantemente repetido, para avançar, para poder cumprir aquilo que nós mesmos quisemos, aspiramos a ser os melhores, porque nos custa ser os últimos no estímulo socialista.

Acontece, simplesmente, que aconteceu aqui o mesmo que aconteceu a muitos de vocês: esse estímulo é frio, um pouco inventado, e não temos sabido entrar em contato direto com a massa de trabalhadores da indústria. Amanhã haverá uma assembleia para discutir esses problemas e tentar resolvê-los todos, procurar os pontos de união, estabelecer a linguagem comum de uma identidade absoluta entre os trabalhadores dessa indústria e nós, trabalhadores do Ministério. E depois de conseguirmos isso, então sim, estou certo de que aumentaremos muito o rendimento, e de que, pelo menos, poderemos lutar honrosamente pelos primeiros lugares.

De qualquer maneira, na assembleia do próximo ano, lhes apresentaremos o resultado. Até lá.

CAPÍTULO 4

O que é um guerrilheiro

(FEVEREIRO DE 1959)

Talvez não exista país no mundo onde a palavra "guerrilheiro" não seja o símbolo de uma aspiração libertadora para o povo. Apenas em Cuba essa palavra tem um significado repulsivo. Essa revolução, libertadora em todos os seus aspectos, aparece também dignificando essa palavra. Todos sabem que foram guerrilheiros aqueles simpatizantes do regime de escravização espanhola que pegaram em armas para defender, de forma irregular, a coroa do rei de Espanha; a partir desse momento, em Cuba, o nome fica como símbolo de tudo o que está mal, de tudo o que é retrógrado, de tudo o que é corrupto no país. Não obstante, o guerrilheiro é, não isso, mas sim exatamente o contrário; é o combatente da liberdade por excelência; é o eleito do povo, sua vanguarda combatente na luta pela libertação.

Porque a guerra de guerrilhas não é, como se pensa, uma guerra minúscula, uma guerra de um grupo minoritário contra um exército poderoso; não, a guerra de guerrilhas é a guerra de todo o povo contra a opressão dominante. O guerrilheiro é sua vanguarda armada; seu exército é constituído por todos os habitantes de uma região ou de um país. Essa é a razão de sua força, de seu triunfo, mais tarde ou mais cedo, sobre qualquer poder que o pretenda oprimir, isto é, a base e o substrato da guerrilha está no povo. Não se pode conceber que, sem esse auxiliar precioso, pequenos grupos armados, por mais mobilidade e conhecimento do terreno que tenham, possam sobreviver à perseguição organizada de um exército bem aparelhado. A prova está em que todos os bandidos, todas as quadrilhas de bandoleiros, acabam por ser derrotados pelo poder central e é bom recordar que muitas vezes esses bandoleiros representam, para os habitantes da região, algo mais que isso, representam também, ainda que de modo caricato, uma luta pela liberdade.

O exército guerrilheiro, exército popular por excelência, deve ter, quanto à sua composição individual, as melhores virtudes do melhor soldado do mundo. Deve se basear em uma disciplina estrita. O fato de as formalidades da vida militar não se adaptarem à guerrilha, o fato de não haver bater de tacões, saudação rígida nem explicação submissa perante o superior não demonstram de modo algum que não haja disciplina. A disciplina guerrilheira é interior, nasce da convicção profunda do indivíduo, dessa necessidade de obedecer ao superior, não só para manter a efetividade do organismo armado em que está integrado, mas também para defender a sua. Qualquer pequeno descuido de um soldado de exército regular é controlado pelo companheiro mais próximo. Na guerra de guerrilhas, em que cada soldado é unidade e grupo, um erro é fatal. Ninguém pode se descuidar. Ninguém pode cometer o mais pequeno deslize, pois sua vida e a dos companheiros depende disso.

Essa disciplina informal, muitas vezes não se vê. Para as pessoas mal informadas, parece muito mais disciplinado o soldado regular com toda sua estrutura de reconhecimento das hierarquias do que o respeito simples e emocionado com que qualquer guerrilheiro segue as instruções do seu chefe. Contudo, o exército de libertação foi um exército puro em que nem as mais comuns tentações do homem tiveram cabimento; e não havia aparelho repressivo, não havia serviço de inteligência que controlasse o indivíduo perante a tentação. Era seu auto-controle que atuava. Era sua rígida consciência do dever e da disciplina.

O guerrilheiro é, além de um soldado disciplinado, um soldado muito ágil, física e mentalmente. Não se pode conceber uma guerra de guerrilhas estática. Tudo é noturno. Apoiados no conhecimento do terreno, os guerrilheiros caminham de noite, tomam posição, atacam o inimigo e se retiram. Isso não quer dizer que a retirada seja para muito longe do teatro das operações; simplesmente tem de ser feita muito rapidamente.

O inimigo concentrará imediatamente no ponto atacado todas as suas unidades repressivas. A aviação irá bombardear, as unidades táticas irão fazer o cerco, os soldados irão tomar uma posição ilusória.

O guerrilheiro precisa apenas apresentar uma frente ao inimigo. Com o fato de se retirar um pouco, esperá-lo, fazer um novo ataque, voltar a retirar-se, cumpriu sua missão específica. Assim, o Exército pode se ir esgotando durante horas ou durante dias. O guerrilheiro popular, de seus lugares de espreita, atacará no momento oportuno.

Há outros axiomas profundos na tática de guerrilhas. O conhecimento do terreno deve ser absoluto. O guerrilheiro não pode desconhecer o lugar onde vai atacar, e além disso deve conhecer todos os trilhos de retirada, bem como todos os caminhos de acesso aos que estão próximos, as casas amigas e inimigas, os lugares mais protegidos, aqueles onde se pode deixar um ferido, aqueles outros onde se pode montar um acampamento provisório, enfim, conhecer como a palma da mão o teatro das operações. E isso se faz e se consegue porque o povo, o grande núcleo do exército guerrilheiro, está por detrás de cada ação.

Os habitantes de um lugar são transportadores, informantes, enfermeiros, provedores de combatentes, enfim, constituem os acessórios importantíssimos da sua vanguarda armada.

Mas perante tudo isso, perante todo esse conjunto de necessidades táticas do guerrilheiro, teria de se perguntar: "Por que luta?". E surge então a grande afirmação: "O guerrilheiro é um reformador social. O guerrilheiro empunha as armas como protesto irado do povo contra seus opressores, e luta para mudar o regime social que mantém todos os seus irmãos desarmados no opróbrio e na miséria.

Exercita-se contra as condições especiais de institucionalidade de um dado momento e dedica-se, com todo o vigor que as circunstâncias permitem, a destruir as formas dessa institucionalidade".

Vejamos algo importante: de que o guerrilheiro necessita taticamente? Tínhamos dito: conhecimento do terreno com seus caminhos de acesso e fuga, rapidez de manobra, apoio do povo, e, naturalmente, lugares onde se esconder. Tudo isso indica que o guerrilheiro exercerá sua ação em lugares agrestes e pouco povoados. E, nos lugares agrestes e pouco povoados, a luta do povo pelas suas reivindicações situa-se de preferência, e até quase exclusivamente, no nível da mudança da composição social de quem possui a terra, isto é, o guerrilheiro é, fundamentalmente, e antes de mais nada, um revolucionário agrário.

Interpreta os desejos da grande massa camponesa de ser dona da terra, dona dos seus meios de produção, dos seus animais, de tudo aquilo por que lutou durante anos, daquilo que constitui sua vida e constituirá também seu túmulo.

Por isso, neste momento especial de Cuba, os membros do novo exército, que nasce triunfante nas montanhas de Oriente e do Escambray, nas planícies de Oriente e das planícies de Camagüey, em Cuba inteira, trazem como bandeira de combate a reforma agrária.

É uma luta talvez tão longa como o estabelecimento da propriedade individual. Luta que os camponeses travaram com maior ou menor êxito, ao longo dos tempos, mas que sempre teve calor popular. Essa luta não é patrimônio da revolução. A revolução recolheu essa bandeira entre as massas populares e agora a fez sua. Mas antes, há muito tempo, desde que se levantaram os cultivadores de tabaco de Havana, desde que os negros tentaram conseguir seu direito à terra na grande guerra de libertação dos anos 1930, desde que os camponeses tomaram revolucionariamente o Realengo 18, a terra foi o fulcro da batalha pela aquisição de um modo de vida melhor.

Esta reforma agrária que hoje está se fazendo, que se iniciou timidamente em Sierra Maestra, que se mudou para a Segunda Frente Oriental e para o Maciço do Escabray, que, durante algum tempo, foi esquecida nas gavetas ministeriais e ressurgiu pujante com a decisão definitiva de Fidel Castro, será, convém mais uma vez repetir, ela que dará a definição histórica do 26 de Julho.

Esse movimento não inventou a reforma agrária. Vai levá-la a cabo. Vai levá-la a cabo completamente até que não haja camponês sem terra nem terra por cultivar. Talvez, neste momento, o próprio movimento tenha deixado de ter razão de existir, mas terá cumprido sua missão histórica. A nossa tarefa é chegar a esse ponto.

O futuro dirá se há mais trabalho para fazer.

CAPÍTULO 5

Discurso de Argel

(Seminário Econômico de Solidariedade Afro-asiática, fevereiro de 1965)

Caros irmãos: Cuba vem a esta Conferência elevar sozinha a voz da América e, como em noutras oportunidades salientaremos, o faz também na sua condição de país subdesenvolvido que, ao mesmo tempo, constrói o socialismo.

Não é por acaso que se permite à nossa representação emitir sua opinião no círculo dos povos da Ásia e da África. Uma aspiração comum, a derrota do imperialismo, nos une em nossa caminhada para o futuro; um passado comum de luta contra o mesmo inimigo nos uniu ao longo do caminho.

Esta assembleia é uma assembleia dos povos em luta; ela se desenvolve em duas frentes de igual importância e exige a totalidade dos nossos esforços. A luta contra o imperialismo, para nos libertarmos dos entraves coloniais ou neocoloniais, que se leva a efeito por meio das armas políticas, das armas de fogo ou por combinação de ambas, não está sujeita à luta contra o atraso e a pobreza; ambas são etapas de um mesmo caminho que conduz à criação de uma sociedade simultaneamente nova, rica e justa. É imperioso obter o poder político e liquidar as classes opressoras, mas, depois, há que enfrentar a segunda etapa da luta que adquire sem dúvida características mais difíceis que a anterior.

Desde que os capitais monopolistas se apoderaram do mundo, têm mantido na pobreza a maioria da humanidade, repartindo-se os lucros entre o grupo dos países mais fortes. O nível de vida desses países está baseado na miséria dos nossos; para elevar o nível de vida dos povos subdesenvolvidos, há que lutar, pois, contra o imperialismo. E cada vez que um país se desprende da árvore imperialista, ganha não só uma batalha parcial contra o inimigo fundamental, mas também contribui para o real enfraquecimento e dá um passo para a vitória definitiva.

Não há fronteiras nesta luta de morte; não podemos ficar indiferentes perante o que acontece em qualquer país do mundo; uma vitória de qualquer país sobre o imperialismo é uma vitória nossa, tal como a derrota de uma ação qualquer é uma derrota para todos nós. O exercício do internacionalismo proletário não é apenas um dever dos povos que lutam para assegurar um futuro melhor; além disso, é uma necessidade imprescindível. Se o inimigo imperialista, norte-americano ou qualquer outro, desenvolve sua ação contra os povos subdesenvolvidos e os países socialistas, uma lógica elementar determina a necessidade de aliança dos povos subdesenvolvidos e dos países socialistas; se nenhum outro fator de união existisse, deveria constituí-lo o inimigo comum.

Claro que essas uniões não se podem fazer espontaneamente, sem discussões, sem que um pacto, por vezes doloroso, as anteceda.

Sempre que um país se liberta, dizíamos, é uma derrota do sistema imperialista mundial, mas devemos acrescentar que a ruptura não se dá pelo mero fato de se proclamar uma independência ou de se conseguir uma vitória pelas armas numa revolução: acontece quando o domínio econômico imperialista deixa de se exercer sobre um povo. Portanto, interessa aos países socialistas, como algo essencial, que se produzam efetivamente essas rupturas e é nosso dever internacional, o dever fixado pela ideologia que nos dirige, contribuir com os nossos esforços para que a libertação se faça o mais rápida e profundamente possível.

De tudo isso deve se extrair uma conclusão: o desenvolvimento dos países que agora iniciam a caminhada da libertação deve custar aos países socialistas. Dizemo-lo assim, sem o mínimo espírito de chantagem ou de sensacionalismo, nem para a procura fácil de maior aproximação ao conjunto dos povos afro-asiáticos; é uma convicção profunda. Não pode existir socialismo se nas consciências não se operar uma mudança que provoque uma nova atitude fraternal para com a humanidade, quer de índole individual, na sociedade em que se constrói ou está construindo o socialismo, quer de índole mundial, em relação a todos os povos que sofrem a opressão imperialista.

Cremos que é com esse espírito que se deve enfrentar a responsabilidade de ajudar os países dependentes e que não mais se deve falar de desenvolver um comércio de benefício mútuo, baseado nos preços que a lei do valor e as relações internacionais do intercâmbio desigual, produto da lei do valor, opõem aos países atrasados.

Será benefício mútuo vender a preços de mercado mundial as matérias-primas que custam suor e sofrimentos sem limites aos países atrasados e comprar a preços de mercado mundial as máquinas produzidas nas grandes fábricas automatizadas da atualidade?

Se estabelecemos esse tipo de relação entre os dois grupos de nações, devemos concordar que os países socialistas são, de certo modo, cúmplices da exploração imperialista. Pode-se argumentar que o montante do intercâmbio com os países subdesenvolvidos constitui parte insignificante do comércio externo desses países.

É uma grande verdade, mas não elimina o caráter imoral da troca.

Os países socialistas têm o dever moral de pôr fim à sua cumplicidade tácita com os países exploradores do Ocidente. O fato de hoje o comércio ser pequeno não quer dizer nada: Cuba, em 1959, vendia ocasionalmente açúcar a algum país do bloco socialista, sobretudo por meio de corretores ingleses ou de outra nacionalidade. E hoje 85% de seu comércio se desenvolve nessa área: todos os seus abastecimentos vitais vêm do campo socialista, e de fato ingressou nesse campo. Não podemos dizer que esse ingresso tenha-se produzido pelo mero aumento do comércio, nem que o comércio tenha aumentado pelo fato de este país ter rompido com as velhas estruturas e encarar a forma socialista de desenvolvimento: os extremos se tocam e uns e outros se inter-relacionam.

Nós não começamos o caminho que terminará no comunismo com todos os passos previstos, como produto lógico de um desenvolvimento ideológico que avançará com um fim determinado; as verdades do socialismo, mais as cruas verdades do imperialismo, foram forjando nosso povo e lhe ensinando o caminho que depois adotamos conscientemente. Os povos da África e da Ásia que caminham para sua libertação definitiva deverão empreender essa mesma rota; irão empreendê-la, mais cedo ou mais tarde, se bem que seu socialismo tenha hoje um objetivo definido. Para nós, não há outra definição válida do socialismo que não seja a abolição da exploração do homem pelo homem. Enquanto isso não ocorrer, estamos no período de construção da sociedade socialista; e, se em vez de se produzir este fenômeno, a tarefa da supressão de exploração estancar ou até retroceder nela, não se pode sequer falar da construção do socialismo.

Temos de preparar as condições para que os nossos irmãos entrem direta e conscientemente no rumo da abolição definitiva da exploração, mas não os podemos convidar para entrar, se nós mesmos somos cúmplices dessa exploração. Se nos perguntam quais são os métodos para fixar preços equitativos, não podemos responder, não conhecemos a importância prática dessa questão, apenas sabemos que, depois de discussões políticas, a União Soviética e Cuba firmaram acordos vantajosos para nós, mediante os quais conseguiremos vender até 5 milhões de toneladas, a preços fixos superiores aos normais no chamado mercado livre mundial açucareiro. A República Popular da China também mantém esses preços de compra.

Isso é apenas um antecedente, pois a tarefa real consiste em fixar os preços que permitam o desenvolvimento. Uma grande mudança de concepção consistirá em mudar a ordem das relações internacionais; não deve ser o comércio externo a fixar a política, mas, pelo contrário, ele deve estar subordinado a uma política fraterna para com os povos.

Analisaremos rapidamente o problema dos créditos a longo prazo para desenvolver indústrias básicas. Deparamos frequentemente com países beneficiários que se dispõem a estabelecer bases industriais desproporcionais em relação à sua capacidade atual, cujos produtos não serão consumidos no território e cujas reservas ficarão comprometidas nesse esforço.

O nosso raciocínio é que os investimentos dos Estados socialistas em seu próprio território passam diretamente sobre o orçamento estatal e não se recuperam senão mediante a utilização dos produtos no processo completo de sua elaboração, até chegar às últimas fases da manufatura. A nossa proposta é que se pense na possibilidade de realizar investimentos desse tipo nos países subdesenvolvidos.

Deste modo se poderia pôr em movimento uma força enorme, subjacente nos nossos continentes, que têm sido miseravelmente explorados mas nunca ajudados em seu desenvolvimento, e começar uma nova etapa de sua autêntica divisão internacional do trabalho, baseada não na história do que até hoje se fez, mas na história futura daquilo que se pode fazer.

Os Estados em cujos territórios se fizerem os novos investimentos teriam todos os direitos inerentes a uma propriedade soberana sobre os mesmos, sem que transcorresse pagamento ou crédito algum, ficando obrigados os possuidores a fornecer determinada quantidade de produtos aos países investidores, durante determinado tempo e a determinado preço.

É também digna de estudo a forma de financiar a parte local dos gastos em que deve incorrer um país que faça investimentos desse tipo. Uma forma de ajuda, que não signifique distribuição de bens em divisas livremente convertíveis, poderia ser o fornecimento de produtos de fácil venda aos governos dos países subdesenvolvidos, mediante créditos a longo prazo.

Outro dos difíceis problemas para resolver é o da conquista da técnica. É do conhecimento de todos a carência de técnicos que sofremos nós, países em vias de desenvolvimento. Faltam instituições e quadros de ensino. Faltam, por vezes, a real consciência das nossas necessidades e a decisão de levar a cabo uma política de desenvolvimento técnico, cultural e ideológico a que se confira prioridade.

Os países socialistas devem ajudar a formar os organismos de educação técnica, insistir na importância capital desse fato e fornecer os quadros que supram a carência atual. É preciso insistir mais neste último ponto: os técnicos que vierem para nossos países devem ser exemplares. São companheiros que deverão enfrentar um meio desconhecido, muitas vezes hostil à técnica, onde se fala uma língua diferente e onde os hábitos são totalmente diferentes dos seus. Os técnicos que enfrentam a difícil tarefa devem ser, antes de tudo, comunistas, no sentido mais profundo e nobre da palavra; com essa qualidade, e com um mínimo de organização e flexibilidade, se farão maravilhas.

Sabemos que isso se pode conseguir porque os países irmãos nos enviaram alguns técnicos que fizeram mais pelo desenvolvimento do nosso país que dez institutos, e contribuíram para nossa amizade mais do que dez embaixadores ou cem recepções diplomáticas.

Se pudéssemos chegar a uma efetiva realização dos pontos que apontamos e, além disso, se puséssemos ao alcance dos países subdesenvolvidos toda a tecnologia dos países avançados, sem utilizar os métodos atuais de patentes que protegem as invenções de uns e outros, teríamos progredido muito em nossa tarefa comum.

O imperialismo foi derrotado em muitas batalhas parciais. Mas é uma força considerável no mundo e não se pode aspirar a sua derrota definitiva senão com o esforço e o sacrifício de todos.

Não obstante, o conjunto de medidas propostas não se pode realizar unilateralmente. O desenvolvimento dos subdesenvolvidos deve ser imputado aos países socialistas; de acordo. Mas também devem se colocar em tensão as forças dos países subdesenvolvidos e tomar firmemente o rumo da construção de uma sociedade nova – se dê o nome que quisermos – em que a máquina, instrumento de trabalho, não seja instrumento de exploração do homem pelo homem. Também não se pode pretender a confiança dos países socialistas quando se oscila entre capitalismo e socialismo e se trata de utilizar ambas as forças como elementos contrapostos, para tirar dessa concorrência determinadas vantagens. Uma nova política de absoluta seriedade deve reger as relações entre os dois grupos de sociedades. É conveniente sublinhar, uma vez mais, que os meios de produção devem estar, de preferência, nas mãos do Estado, para que, gradualmente, desapareçam os sinais de exploração.

Por outro lado, não se pode abandonar o desenvolvimento a uma improvisação total; há que planificar a construção da nova sociedade. A planificação é uma das leis do socialismo e, sem ela, ele não existiria. Sem uma planificação correta não pode existir uma garantia suficiente de que todos os setores econômicos de qualquer país se liguem harmoniosamente para dar os saltos em frente que esta época em que estamos vivendo exige. A planificação não é um problema isolado de cada um dos nossos países, pequenos, distorcidos em seu desenvolvimento, possuidores de algumas matérias-primas ou produtores de alguns produtos manufaturados ou semimanufaturados, carentes da maioria dos outros. Essa deverá tender, desde o primeiro momento, para certa regionalidade para poder compreender as economias dos países e chegar assim a uma integração na base de um autêntico benefício mútuo.

Cremos que o caminho atual está cheio de perigos, perigos que não são inventados nem previstos, por algum espírito superior, para um futuro longínquo; são o resultado palpável de realidades que nos atingem. A luta contra o colonialismo alcançou suas etapas finais; mas, na era atual, o *status* colonial não é senão uma consequência do domínio imperialista.

Enquanto o imperialismo existir, por definição, exercerá seu domínio sobre outros países: esse domínio se chama, hoje, neocolonialismo.

O neocolonialismo desenvolveu-se na América do Sul, em todo um continente, e hoje começa a se fazer sentir com intensidade cada vez maior na África e na Ásia.

A sua forma de penetração e desenvolvimento tem características distintas: uma é a brutal, que conhecemos no Congo. A força bruta, sem considerações nem disfarces de nenhuma espécie, é sua derradeira arma. Há outra mais sutil: a penetração nos países que se libertam politicamente, a ligação com as burguesias autóctones nascentes, o desenvolvimento de uma classe burguesa parasitária e em estreita aliança com os interesses metropolitanos apoiados num certo bem-estar ou desenvolvimento transitório do nível de vida dos povos, dado que, em países muito atrasados, a simples passagem das relações feudais às relações capitalistas significa um grande avanço, independentemente das consequências nefastas que, a longo prazo, advirão para os trabalhadores.

O neocolonialismo mostrou suas garras no Congo; isso não é um sinal de poder, mas de fraqueza; teve de recorrer à sua derradeira arma, a força como argumento econômico, o que provoca reações opostas de grande intensidade. Mas também se exerce em outra série de países da África e da Ásia de forma muito mais sutil e está rapidamente criando aquilo a que alguns chamaram a sul-americanização desses continentes, isto é, o desenvolvimento de uma burguesia parasitária que nada acrescenta à riqueza nacional e a qual, inclusive, deposita fora do país, nos bancos capitalistas, os enormes lucros indevidamente conseguidos, e pactua com o estrangeiro para obter mais benefícios, com um desprezo absoluto pelo bem-estar de seu povo.

Há também outros perigos, como o da concorrência entre países-irmãos, politicamente amigos e, às vezes, vizinhos que procuram fazer os mesmos investimentos, ao mesmo tempo e para mercados que, muitas vezes, não o admitem.

Essa concorrência tem o defeito de despender energias que poderiam se utilizar sob a forma de uma complementação econômica muito mais vasta, além de permitir o jogo dos monopólios imperialistas.

Às vezes, perante a impossibilidade real de fazer determinado investimento com a ajuda do campo socialista, este se realiza mediante acordos com os capitalistas. E esses investimentos capitalistas não só têm o defeito da forma como se realizam os empréstimos, mas também outros complementares de muita importância, como o estabelecimento de sociedades mistas com um vizinho perigoso. Como, em geral, os investimentos são paralelos aos de outros Estados, isso tende a criar divisões, por diferenças econômicas, entre países amigos, e instaura o perigo da corrupção emanada da presença constante do capitalismo, hábil na apresentação de imagens de desenvolvimento e bem-estar que perturbam o entendimento de muita gente.

Tempos depois, a queda dos preços nos mercados é a consequência de uma saturação de produções similares. Os países afetados se veem na obrigação de contrair novos empréstimos ou permitir investimentos complementares para a concorrência. A queda da economia nas mãos dos monopólios e um retorno do passado, lento mas seguro, é a consequência final dessa política.

Em nosso entender, a única forma segura de fazer investimentos é com a participação direta do Estado como comprador íntegro dos bens, limitando a ação imperialista aos contratos de fornecimentos e não os deixando passar para lá da porta da rua de nossa casa. E aqui é lícito aproveitar as contradições interimperialistas para conseguir condições menos onerosas.

É necessário prestar atenção às "desinteressadas" ajudas econômicas, culturais etc. que o imperialismo dá, por si ou através de Estados-fantoches mais bem acolhidos em certas partes do mundo.

Se não forem vistos a tempo todos os perigos apontados, pode inaugurar-se o caminho neocolonial em países que começaram com fé e entusiasmo sua tarefa de libertação nacional, estabelecendo-se o domínio dos monopólios com sutileza, em uma graduação tal que é muito difícil perceber em seus efeitos até que esses se façam sentir brutalmente.

Há toda uma tarefa para realizar; enormes problemas se apresentam aos nossos dois mundos: o dos países socialistas e o chamado Terceiro Mundo; problemas que estão diretamente relacionados com o homem e seu bem-estar e com a luta contra o principal culpado de nosso atraso.

Perante eles, todos os países e todos os povos, conscientes de seus deveres, dos perigos que a situação contém, dos perigos que o desenvolvimento encerra, devemos tomar medidas corretas para que nossa amizade se ligue nos dois planos, o econômico e o político, que nunca podem andar separados, e formar um grande bloco compacto que, por sua vez, ajude novos países a se libertarem, não só do poder político mas também do poder econômico imperialista.

Deve tratar-se o aspecto da libertação de um poder político opressor pelas armas segundo as regras do internacionalismo proletário: se é um absurdo pensar que um diretor de empresa de um país socialista em guerra tenha dúvidas em enviar os tanques que produz para uma frente em que não haja garantias de pagamento, não menos absurdo deve parecer que se averigue a possibilidade de pagamento de um povo que luta pela libertação ou que necessita dessas armas para defender sua liberdade.

As armas não podem ser mercadoria nos nossos mundos; devem se entregar gratuitamente e em quantidades necessárias e possíveis aos povos que as pedem para disparar contra o inimigo comum. Foi esse o espírito com que a URSS e a República Popular da China nos ofereceram sua ajuda militar. Somos socialistas, constituímos uma garantia de utilização dessas armas, mas não somos os únicos e todos devemos ter o mesmo tratamento.

Ao abominável ataque do imperialismo norte-americano contra o Vietnã ou contra o Congo, deve-se responder fornecendo a esses países irmãos todos os instrumentos de defesa de que necessitem e lhes dando incondicionalmente toda nossa solidariedade.

No aspecto econômico, precisamos vencer o caminho do desenvolvimento com a técnica o mais avançada possível. Não podemos seguir a grande escala ascendente da humanidade desde o feudalismo até a era atômica e automática, porque seria um caminho de enormes sacrifícios e parcialmente inútil. É preciso conquistar a técnica onde ela estiver – é preciso dar o grande salto técnico para ir diminuindo a diferença que hoje existe entre os países mais desenvolvidos e nós.

Essa deve estar nas grandes fábricas, numa agricultura convenientemente desenvolvida e, sobretudo, deve ter seus pilares numa cultura técnica e ideológica com força suficiente e base de massas, para permitir a laboração contínua dos institutos e dos aparelhos de investigação que se deverão criar em cada país, e dos homens que vêm exercendo a técnica atual e que sejam capazes de se adaptar às novas técnicas adquiridas.

Esses quadros devem ter uma clara consciência de seu dever para com a sociedade onde vivem: não poderá existir uma cultura técnica adequada que não seja completada com uma cultura ideológica. E, na maioria de nossos países, não poderá existir uma base suficiente de desenvolvimento industrial, que é o que determina o desenvolvimento da sociedade moderna, se não começarmos por assegurar ao povo o alimento necessário, os bens de consumo mais imprescindíveis e uma educação adequada.

Há que gastar uma boa parte da receita nacional nos chamados investimentos improdutivos da educação e é preciso dar uma atenção preferencial ao desenvolvimento da produtividade agrícola.

Essa alcançou níveis realmente incríveis em muitos países capitalistas, provocando o contrassenso de crise de superprodução, de investimento de sementes e outros produtos alimentares, ou de matérias-primas industriais provenientes de países desenvolvidos, quando existe todo um mundo que sofre de fome e que tem terra e homens suficientes para produzir várias vezes aquilo de que o mundo inteiro precisa para se alimentar.

A agricultura deve ser considerada um pilar fundamental no desenvolvimento e, para isso, as mudanças da estrutura agrícola e a adaptação às novas possibilidades da técnica e às novas obrigações da eliminação da exploração do homem devem constituir aspectos fundamentais do trabalho.

Antes de tomar decisões difíceis que possam ocasionar danos irreparáveis, é preciso fazer uma prospecção cuidadosa do território nacional, constituindo esse aspecto um dos passos preliminares da investigação econômica e exigência elementar numa planificação correta.

Apoiamos calorosamente a proposta da Argélia no sentido de institucionalizar as nossas relações. Queremos apenas apresentar algumas considerações complementares:

Primeiro: Para que a união seja instrumento da luta contra o imperialismo, é preciso a cooperação dos povos latino-americanos e a aliança dos países socialistas.

Segundo: Deve velar-se pelo caráter revolucionário da união, impedindo que a ela tenham acesso governos ou movimentos que não se identifiquem com as aspirações gerais dos povos e criando mecanismos que permitam o afastamento de algum que se desvie do rumo justo, ou governo ou movimento popular.

Terceiro: Deve defender-se o estabelecimento de novas relações em pé de igualdade entre os nossos países e os países capitalistas, estabelecendo uma jurisprudência revolucionária que nos apoie em caso de conflito e dê novo conteúdo às relações entre nós e o restante do mundo.

Falamos uma linguagem revolucionária e lutamos honestamente pelo triunfo dessa causa, mas muitas vezes nós próprios nos enredamos nas malhas de um direito internacional, criado como resultado dos confrontos das potências imperialistas e não pela luta dos povos livres, dos povos justos.

Os nossos povos, por exemplo, sofrem a pressão angustiante de bases estrangeiras instaladas em seus territórios ou terão de suportar o pesado fardo de enormes dívidas externas. Essa história é bem conhecida de todos: governos-fantoches, governos enfraquecidos por uma enorme luta de libertação ou o desenvolvimento das leis capitalistas do mercado permitiram a assinatura de acordos que ameaçam nossa estabilidade interna e comprometem o nosso futuro.

Chegou a hora de sacudirmos o jogo, de impor a renegociação das dívidas externas opressoras e obrigar os imperialistas a abandonarem suas bases de agressão.

Não queria terminar estas palavras, esta repetição de conceitos de todos vocês conhecidos, sem chamar a atenção deste seminário no sentido de que Cuba não é o único país americano; simplesmente é aquele que tem a oportunidade de hoje falar a vocês; que outros povos estejam derramando seu sangue para conseguir o direito que nós temos e, daqui e de todas as conferências e em todos os lugares em que simultaneamente se produzam, com a saudação aos povos heroicos do Vietnã, do Laos, da Guiné dita portuguesa, da África do Sul, da Palestina, a todos os países explorados que lutam por sua emancipação, devemos estender nossa voz amiga, a nossa mão e o nosso alento, aos povos irmãos da Venezuela, da Guatemala e da Colômbia, que hoje, de armas na mão, estão dizendo definitivamente "Não!" ao inimigo imperialista.

E, para afirmá-lo, poucos são os lugares tão simbólicos como Argel, uma das mais heroicas capitais da liberdade. Que o magnífico povo argelino, treinado como poucos nos sofrimentos pela independência, sob a decidida direção de seu partido, com nosso querido companheiro Ahmed Ben Bella à cabeça, nos sirva de inspiração nesta luta sem tréguas contra o imperialismo mundial.

CAPÍTULO 6

O socialismo e o homem em Cuba[1]

(MARÇO DE 1965)

CARO COMPANHEIRO: Acabo estas notas em viagem pela África, animado do desejo de cumprir, ainda que tardiamente, minha promessa. Gostaria de o fazer tratando o tema do título. Creio que isso poderia ter interesse para os leitores uruguaios.

É vulgar ouvir da boca dos porta-vozes capitalistas, como um argumento na luta ideológica contra o socialismo, a afirmação de que esse sistema social, ou o período de construção do socialismo em que estamos empenhados, se caracteriza pela abolição do indivíduo em favor do Estado. Não pretenderei refutar essa afirmação em uma base meramente teórica, mas apenas estabelecer os fatos tal qual se vivem em Cuba e acrescentar comentários de caráter geral. Esboçarei primeiro, em traços largos, a história de nossa luta revolucionária antes e depois da tomada do poder.

Como se sabe, a data precisa em que se iniciaram as ações revolucionárias, que culminaram a 1º de janeiro de 1959, foi o dia 26 de julho de 1953. Um grupo de homens comandados por Fidel Castro atacou, na madrugada desse dia, o Quartel Moncada, na província de Oriente. O ataque foi um fracasso, o fracasso se transformou em desastre e os sobreviventes foram parar na prisão, para recomeçar, imediatamente após a anistia, a luta revolucionária.

Durante esse processo, no qual havia apenas germes de socialismo, o homem era um fator fundamental. Se confiava nele, individualizado, específico, com nome e apelido, e da sua capacidade de ação dependia o triunfo ou o fracasso daquilo de que estava incumbido.

---
[1] Escrito para o semanário *Marcha*, de Montevidéu (Uruguai), e dirigido a seu diretor, Aníbal Quijano.

Chegou a etapa da luta guerrilheira. Esta se desenvolveu em dois ambientes distintos: o povo, massa ainda adormecida que era preciso mobilizar, e sua vanguarda, a guerrilha, motor impulsionador da mobilização, gerador da consciência revolucionária e do entusiasmo combativo. Foi essa vanguarda, o agente catalisador, que criou as condições subjetivas necessárias para a vitória. Também nela, no marco do processo de proletarização de nosso pensamento, da revolução que se operava nos nossos âmbitos, em nossa mente, o indivíduo foi o fator fundamental. Cada um dos combatentes de Sierra Maestra, que alcançou algum grau superior nas forças revolucionárias, tem em seu currículo uma história de feitos notáveis.

Com base nesses feitos obtinha seus graus.

Foi a primeira época heroica, em que se disputavam para conseguir um cargo de maior responsabilidade, de maior perigo, sem outra satisfação que não fosse o cumprimento do dever. Em nosso trabalho de educação revolucionária, voltamos insistentemente a este tema exemplar. Na atitude de nossos combatentes se vislumbrava o homem do futuro.

Em outras oportunidades de nossa história se repetiu o feito da entrega total à causa revolucionária. Durante a crise de outubro ou nos dias do ciclone "Flora" vimos atos de valor e sacrifício excepcionais realizados por todo um povo. Encontrar a fórmula para perpetuar na vida cotidiana essa atitude heroica é uma de nossas tarefas fundamentais do ponto de vista ideológico.

Em janeiro de 1959, estabeleceu-se o governo revolucionário com a participação de vários membros da burguesia vencida. A presença do Exército Rebelde constituía a garantia de poder, como fator fundamental de força.

Revelaram-se, em seguida, sérias contradições, resolvidas, em primeira instância, em fevereiro de 1959, quando Fidel Castro assumiu a chefia do governo com o cargo de primeiro-ministro. O processo culminou em julho do mesmo ano, quando o presidente Urrutia renunciou, perante a pressão das massas.

Aparecia na história da Revolução Cubana, agora com caracteres nítidos, um personagem que irá se impor sistematicamente: as massas populares. Este ser multifacetado não é, como se pretende, a soma de elementos da mesma categoria (reduzidos à mesma categoria, além disso, pelo sistema imposto), que atua como um manso rebanho. É verdade que segue sem hesitar seus dirigentes, sobretudo Fidel Castro, mas o grau em que ele ganhou essa confiança corresponde precisamente à interpretação cabal dos desejos do povo, suas aspirações, e à luta sincera pelo cumprimento das promessas feitas.

As massas participaram na reforma agrária e na difícil tarefa da administração das empresas estatais; passaram pela experiência heroica de Playa Girón; forjaram-se nas lutas contra os diferentes grupos de bandoleiros, armados pela CIA, viveram uma das decisões mais importantes dos tempos modernos na crise de outubro, e hoje continuam a trabalhar na construção do socialismo.

Vendo as coisas de um ponto de vista superficial, pode parecer que têm razão aqueles que falam da sujeição do indivíduo ao Estado; as massas realizam com entusiasmo e disciplina ímpares as tarefas fixadas pelo governo, sejam elas de índole econômica, cultural, de defesa, desportiva etc. A iniciativa parte, em geral, de Fidel ou do alto-comando da revolução e é explicada ao povo que a aceita como sua. Outras vezes, experiências locais são aceitas pelo partido e pelo governo para torná-las gerais, seguindo o mesmo procedimento.

Não obstante, o Estado, às vezes, se engana. Quando há algum engano, nota-se diminuição do entusiasmo coletivo por efeitos de uma diminuição quantitativa de cada um dos elementos e o trabalho é paralisado até ficar reduzido a importâncias insignificantes; é o momento de retificar.

Assim aconteceu em março de 1962, perante a política sectária imposta ao partido por Aníbal Escalante.

É evidente que o mecanismo não basta para assegurar uma sucessão de medidas sensatas e que falta uma vinculação mais estruturada com as massas. Devemos melhorar isso no decurso dos próximos anos, mas, no caso das iniciativas que surgem nos estratos superiores do governo, utilizamos por agora o método quase intuitivo de auscultar as reações gerais aos problemas apresentados.

Fidel é mestre nisso, e seu modo particular de integração com o povo só se pode apreciar vendo-o atuar. Nas grandes manifestações públicas, observa-se algo assim como o diálogo de dois diapasões cujas vibrações provocam novas vibrações no interlocutor. Fidel e as massas começam a vibrar num diálogo de intensidade crescente até alcançarem o clímax em um final abrupto, coroado pelo nosso grito de luta e de vitória.

Difícil de entender para quem não viva a experiência da revolução é essa estreita unidade dialética que existe entre o indivíduo e as massas, em que ambos se inter-relacionam e, por sua vez, as massas, como conjunto de indivíduos, se inter-relacionam com os dirigentes.

No capitalismo podem ver-se alguns fenômenos desse tipo quando aparecem políticos capazes de conseguir a mobilização popular, mas se não se trata de um autêntico movimento social, e nesse caso não é plenamente lícito falar de capitalismo, o movimento durará a vida de quem o impulsione ou até o fim das ilusões populares, imposto pelo rigor da sociedade capitalista. Nessa, o homem é dirigido por um frio ordenamento que, habitualmente, escapa ao domínio de sua compreensão. O exemplar humano tem um invisível cordão umbilical que o liga à sociedade em seu conjunto: a lei do valor. Ela atua em todos os aspectos de sua vida, vai modelando seu caminho e seu destino.

As leis do capitalismo, invisíveis para o comum das pessoas, e cegas, atuam sobre o indivíduo sem este se precaver. Apenas vê a amplitude de um horizonte que parece infinito. Assim o apresenta a propaganda capitalista que pretende extrair do caso Rockefeller – verídico ou não – uma lição sobre as possibilidades de êxito. A miséria que é necessário acumular para que surja um exemplo assim e a soma de malefícios que comporta uma fortuna dessa importância não aparecem no quadro e nem sempre é possível às forças populares aclararem esses conceitos. (Caberia aqui a análise de como nos países imperialistas os trabalhadores vão perdendo seu espírito internacional de classe sob a influência de certa cumplicidade na exploração dos países dependentes e de como este fato, ao mesmo tempo, lima o espírito de luta das massas no próprio país, mas esse é um dos temas que foge à intenção destas notas.)

De qualquer modo, mostra-se o caminho com obstáculos que, aparentemente, um indivíduo com as qualidades necessárias pode superar para chegar à meta. O prêmio se avista ao longe; o caminho é solitário. Além disso, é a lei da selva: só se consegue chegar à custa do fracasso de outros.

Tentarei agora definir o indivíduo, ator desse estranho e apaixonante drama que é a construção do socialismo, em sua dupla existência de ser único e de membro da comunidade.

Creio que o mais simples é reconhecer sua qualidade de não feito, de produto não acabado. As taras do passado se transmitem ao presente na consciência individual e é preciso fazer um trabalho contínuo para eliminá-las.

O processo é duplo: por um lado, atua na sociedade com sua educação direta e indireta; por outro, o indivíduo se submete a um processo consciente de autoeducação.

A nova sociedade em formação tem de competir muito duramente com o passado. Isso se faz sentir não só na consciência individual, onde pesam os resíduos de uma educação sistematicamente orientada para o isolamento do indivíduo, mas também pelo próprio caráter deste período de transição, com persistência das relações mercantis. A mercadoria é a célula econômica da sociedade capitalista; enquanto existir, seus efeitos se farão sentir na organização da produção e, portanto, na consciência.

No esquema de Marx, concebia-se o período de transição como o resultado da transformação explosiva do sistema capitalista, destroçado por suas contradições; na realidade posterior, tem-se visto como se desprendem da árvore imperialista alguns países que constituem os ramos mais débeis, fenômeno previsto por Lenin. Nestes, o capitalismo se desenvolveu o suficiente para, de um modo ou de outro, fazer sentir seus efeitos sobre o povo, mas não são suas próprias contradições que, depois de esgotadas todas as possibilidades, fazem rebentar o sistema. A luta de libertação contra um opressor externo, a miséria provocada por acidentes alheios, como a guerra, cujas consequências fazem que as classes privilegiadas recaiam sobre os explorados, os movimentos de libertação destinados a derrubar regimes neocoloniais são os fatores habituais de desencadeamento. A ação consciente faz o resto.

Nesses países, contudo, não se fez uma educação completa para o trabalho social, e a riqueza está longe de ficar ao alcance das massas mediante o simples processo de apropriação. O subdesenvolvimento, por um lado, e a habitual fuga de capitais para países "civilizados", por outro, tornam impossível uma mudança rápida e sem sacrifícios. Há um grande espaço a percorrer na construção da base econômica e é muito grande a tentação de seguir os caminhos já trilhados do interesse material como alavanca impulsora de um desenvolvimento acelerado.

Corre-se o perigo de as árvores não deixarem ver o bosque. Correndo atrás da quimera de realizar o socialismo com a ajuda das armas inúteis que o capitalismo nos legou (a mercadoria como célula econômica, a rentabilidade, o interesse material individualista como alavanca etc.), pode-se chegar a um beco sem saída. E chega-se aí depois de percorrer uma longa distância, em que os caminhos muitas vezes se cruzam, e onde é difícil perceber o momento em que houve engano no rumo. Entretanto, a base econômica adotada fez seu trabalho de preparação no desenvolvimento da consciência. Para construir o comunismo, há que fazer o homem novo simultaneamente com a base material.

Por isso é tão importante escolher corretamente o instrumento de mobilização das massas. Esse instrumento deve ser fundamentalmente de índole moral, sem esquecer uma utilização correta do estímulo material, sobretudo de natureza social.

Como já disse, em momentos de perigo extremo, é fácil potenciar os estímulos morais; para manter sua vigência, é necessário o desenvolvimento de uma consciência, na qual os valores adquiram novas categorias. A sociedade no seu conjunto deve se converter em uma gigantesca escola.

As grandes linhas do fenômeno são semelhantes ao processo de formação da consciência capitalista em sua primeira fase. O capitalismo recorre à força, mas, além disso, educa as pessoas no sistema. A propaganda direta é feita pelos encarregados de explicar a ineficácia de um regime de classe, quer de origem divina, quer por imposição da natureza como ser mecânico, isto acalma as massas que se veem oprimidas por um mal contra o qual não é possível lutar.

Com a continuação, vem a esperança, e nisto se diferencia dos anteriores regimes de casta que não deixavam saída possível.

Contudo, para alguns continuará vigente a fórmula de casta; o prêmio para os obedientes consiste na chegada, depois da morte, a outros mundos maravilhosos, onde os bons são premiados, continuando assim a velha tradição. Para outros, a inovação: a separação em classes é fatal, mas os indivíduos podem sair daquela a que pertencem através do trabalho, da iniciativa etc. Esse processo, e o da auto--educação para o triunfo, devem ser profundamente hipócritas; é a demonstração interesseira de que uma mentira é verdade.

Em nosso caso, a educação direta assume uma importância muito maior. A explicação é convincente porque é verdadeira; não precisa de pretextos. Se exerce através do aparelho educativo do Estado de acordo com a cultura geral, técnica e ideológica, por meio de organismos como o Ministério da Educação e o aparelho de divulgação do partido. A educação se implanta nas massas e a nova atitude preconizada tende a converter-se em hábito; as massas vão tornando-a sua e pressionando aqueles que ainda não a têm. Essa é a forma indireta de educar as massas, tão poderosa como a outra.

Mas o processo é consciente; o indivíduo recebe continuamente o impacto do novo poder social e percebe que não está completamente adequado a ele. Sob o influxo da pressão que supõe a educação indireta, tenta acomodar-se a uma situação que sente justa e cuja própria falta de desenvolvimento o impediu de fazer até agora. Autoeduca-se.

Neste período de construção do socialismo, podemos ver o homem novo que vai nascendo. A sua imagem não está, contudo, acabada; não o poderia estar nunca, já que o processo avança paralelamente ao desenvolvimento de novas formas econômicas. Descontando aqueles cuja falta de educação os faz tender para o caminho solitário, para a autossatisfação de suas ambições, aqueles que ainda estão neste panorama de avanço coletivo têm tendência a caminhar isolados das massas a que pertencem. O que importa é que os homens vão adquirindo cada dia maior consciência de necessidade de sua incorporação na sociedade e, ao mesmo tempo, de sua importância como motores desta.

Já não avançam completamente sós por caminhos perdidos, em direção a longínquos anseios. Seguem sua vanguarda, constituída pelo partido, pelos operários de vanguarda, pelos homens de vanguarda que caminham ligados às massas e em estreita comunhão com elas. As vanguardas têm os olhos postos no futuro e em sua recompensa, mas essa não se vislumbra como algo individual; o prêmio é a nova sociedade onde os homens terão características diferentes: a sociedade do homem comunista.

O caminho é longo e cheio de dificuldades. Às vezes, para desviar o rumo, há que retroceder; outras, por irmos demasiado depressa, nos separamos das massas; em outras ocasiões, por fazê-lo lentamente, sentimos a respiração próxima dos que vêm atrás. Em nossa ambição de revolucionários, procuramos caminhar tão depressa quanto seja possível, abrindo caminhos, mas sabemos que temos de nos apoiar nas massas e que estas só poderão avançar mais depressa se as animamos com nosso exemplo.

Apesar da importância dada aos estímulos morais, o fato de existir divisão em dois grupos principais (excluindo, claro está, a fração minoritária dos que não participam, por uma razão ou por outra, na construção do socialismo), indica a relativa falta de desenvolvimento da consciência social. O grupo de vanguarda é ideologicamente mais avançado do que as massas; estas conhecem os valores novos, mas de um modo insuficiente. Enquanto nos primeiros se produz uma mudança qualitativa que lhes permite ir até o sacrifício, na sua função de vanguarda, os segundos não se apercebem muito bem e têm de ser submetidos a estímulos e pressões de certa intensidade; é a ditadura do proletariado se exercendo não apenas sobre a classe derrotada, mas também individualmente, sobre a classe vencedora.

Tudo isso implica, para seu êxito total, a necessidade de uma série de mecanismos: as instituições revolucionárias.

À imagem da multidão marchando para o futuro ajusta-se o conceito de institucionalização como o de um conjunto harmônico de canais, escalões, represas, aparelhos bem lubrificados que permitam essa caminhada, que permitam a seleção natural dos destinados para caminhar na vanguarda e que concedam o prêmio e o castigo aos que cumpram ou atentem contra a sociedade em construção.

Contudo esta institucional idade da revolução ainda não se conseguiu. Procuramos algo novo que permita a perfeita identificação entre o governo e a comunidade em seu conjunto, ajustada às condições particulares da construção do socialismo e fugindo o mais possível dos lugares-comuns da democracia burguesa, transplantados para a sociedade em formação (como as câmaras legislativas, por exemplo). Têm-se feito algumas experiências que visam a criar progressivamente a institucionalização da revolução mas sem pressa demasiada. O maior entrave que temos tido tem sido o medo de que qualquer aspecto formal nos separe das massas e do indivíduo, nos faça perder de vista a última e mais importante ambição revolucionária que é ver o homem liberto de sua alienação.

Não obstante a carência de instituições, que se deve superar gradualmente, as massas fazem agora a história, como o conjunto consciente de indivíduos que lutam por uma mesma causa. O homem, no socialismo, apesar de sua aparente estandardização, é mais completo; apesar da falta de meios apropriados, sua possibilidade de se expressar e de se fazer sentir no aparelho social é infinitamente maior.

Todavia, é preciso acentuar sua participação consciente, individual e coletiva, em todos os mecanismos de direção e de produção e ligá-la à ideia da necessidade da educação técnica e ideológica, de modo que sinta como esses processos são estreitamente interdependentes e seus avanços são paralelos. Assim conseguirá a total consciência de seu ser social, o que equivale à sua plena realização como criatura humana, quebradas as cadeias da alienação.

Isso se traduzirá concretamente na reapropriação de sua natureza por meio do trabalho libertador e da expressão de sua própria condição humana pela cultura e pela arte.

Para que se desenvolva no primeiro caso, o trabalho deve adquirir uma condição nova; a mercadoria-homem deixa de existir e instala-se um sistema que estabelece uma cota pelo cumprimento do dever social. Os meios de produção pertencem à sociedade e a máquina é apenas a trincheira onde se cumpre o dever. O homem começa a libertar seu pensamento do fato repugnante que pressupunha a necessidade de satisfazer suas necessidades animais por meio do trabalho. Começa a ver-se retratado em sua obra e a compreender sua grandeza humana por meio do objeto criado, do trabalho realizado. Isso já não implica deixar uma parte de seu ser em forma de força de trabalho vendida, que não mais lhe pertence, antes significa uma emanação de si mesmo, um contributo à vida comum em que se reflete: o cumprimento de seu dever social.

Fazemos todo o possível por dar ao trabalho esta nova categoria de dever social e uni-lo ao desenvolvimento da técnica, por um lado, o que trará condições para maior liberdade, e ao trabalho voluntário, por outro, baseados na apreciação marxista de que o homem alcança realmente sua plena condição humana quando produz sem a compulsão da necessidade física de vender-se como mercadoria.

É evidente que, todavia, há aspectos coativos no trabalho, ainda quando seja voluntário; o homem não transformou toda a coerção que o rodeia em reflexo condicionado de natureza social e contudo produz, em muitos casos, sob a pressão do meio (Fidel chama-lhe compulsão moral). Apesar disso falta-lhe obter a completa recreação espiritual diante de sua própria obra, sem a pressão direta do meio social, mas a ele ligado pelos novos hábitos. Será isto o comunismo.

A mudança não se produz automaticamente na consciência, como também não se produz na economia. As variações são lentas e não são rítmicas; há períodos de aceleração, outros mais lentos e, inclusivamente, de retrocesso.

Devemos, além disso, considerar, como atrás apontamos, que não estamos perante o período de transição puro, tal como Marx o viu na *Crítica do programa de Gotha*, mas antes perante uma nova fase não prevista por ele: o primeiro período de transição do comunismo ou da construção do socialismo.

Este decorre no meio de violentas lutas de classes e com elementos do capitalismo em seu seio que obscureçem a compreensão total de sua essência.

Se a isso se juntar o escolasticismo que refreou o desenvolvimento da filosofia marxista e impediu o tratamento sistemático deste período, cuja economia política não se desenvolveu, devemos concordar que, todavia, pouco ou nada sabemos, e é preciso nos dedicarmos a investigar todas as características primordiais deste antes de elaborar uma teoria econômica e política de maior alcance.

A teoria resultante dará infalivelmente proeminência aos dois pilares da construção: a formação do homem novo e o desenvolvimento da técnica. Em ambos os aspectos, há muito a fazer, mas é menos desculpável o atraso quanto à concepção técnica como base fundamental, já que aqui não se trata de avançar cegamente, mas de seguir, durante um bom trecho, o caminho aberto pelos países mais avançados do mundo. Por isso Fidel se refere com tanta insistência à necessidade da formação tecnológica e científica de todo o nosso povo e, ainda mais, de sua vanguarda.

No campo das ideias que conduzem a atividades não produtivas, é mais fácil ver a divisão entre necessidade material e espiritual. Há muito tempo que o homem tenta libertar-se da alienação mediante a cultura e a arte. Morre diariamente nas oito e mais horas em que atua como mercadoria para ressuscitar na sua criação espiritual. Mas esse remédio contém os germes da própria doença: é um ser solitário aquele que procura a comunhão com a natureza. Defende sua individualidade oprimida pelo meio e reage às ideias estéticas como um ser único cuja aspiração é permanecer imaculado.

Trata-se apenas de uma tentativa de fuga. A lei do valor já não é um mero reflexo das relações de produção; os capitalistas monopolistas a rodeiam de uma roupagem complicada que a converte em uma serva dócil, mesmo quando os métodos que empregam são puramente empíricos. A superestrutura impõe um tipo de arte em que é necessário educar os artistas. Os rebeldes são dominados pela maquinaria e só os talentos excepcionais poderão criar sua própria obra. Os restantes tornam-se assalariados vergonhosos ou são triturados.

Inventa-se a investigação artística que é apresentada como definidora da liberdade, mas esta "investigação" tem seus limites, imperceptíveis até o momento de se chocar com eles, isto é, de se porem os problemas reais do homem e de sua alienação. A angústia sem sentido ou o passatempo vulgar constituem cômodas válvulas para a inquietação humana; combate-se a ideia de fazer da arte uma arma de denúncia.

Se se respeitarem as leis do jogo, conseguem-se todas as honras; as que poderia ter um macaco por inventar piruetas. A condição é não tentar escapar da jaula invisível.

Quando a revolução tomou o poder deu-se o êxodo dos totalmente domesticados; os demais, revolucionários ou não, viram um caminho novo. A investigação artística recebeu novo impulso. Não obstante, os rumos estavam mais ou menos traçados e o sentido do conceito de fuga se escondeu por trás da palavra liberdade. Nos próprios revolucionários se manteve muitas vezes essa atitude, reflexo do idealismo burguês na consciência.

Nos países que passaram por um processo semelhante, pretendeu-se combater essas tendências com um dogmatismo exagerado. A cultura geral quase se converteu em um tabu e proclamou-se o máximo da aspiração cultural, uma representação formalmente exata da natureza, convertendo-se esta, depois, em uma representação mecânica da realidade social que se queria ver; a sociedade, ideal, quase sem conflito nem contradições, que se procurava criar.

O socialismo é jovem e tem erros. Nós, os revolucionários, carecemos muitas vezes dos conhecimentos e da audácia intelectual necessários para encarar a tarefa do desenvolvimento de um homem novo por métodos diferentes dos convencionais, e os métodos convencionais sofrem da influência da sociedade que os criou. (Aparece novamente o tema da relação entre forma e conteúdo.) A desorientação é grande e os problemas da construção material nos absorvem. Não há artistas de grande autoridade que, por sua vez, tenham grande autoridade revolucionária.

Os homens do partido devem tomar em mãos essa tarefa e procurar atingir o objetivo principal: educar o povo.

Procura-se então a simplificação, aquilo que toda a gente entende, que é aquilo que os funcionários entendem. Anula-se a autêntica investigação artística e se reduz o problema da cultura geral a uma apropriação do presente socialista e do passado morto (logo, não perigoso). Assim nasceu o realismo socialista sobre as bases da arte do século passado.

Mas a arte realista do século XIX também é de classe, mais puramente capitalista, talvez, do que esta arte decadente do século XX, onde transparece a angústia do homem alienado. O capitalismo em cultura deu tudo o que tinha a dar, e dele não fica senão o anúncio de um cadáver fedorento; em arte, resta a sua decadência de hoje. Mas por que pretender achar nas formas congeladas do realismo socialista a única receita válida? Não se pode opor ao realismo socialista a "liberdade", porque esta ainda não existe, nem existirá até o completo desenvolvimento da sociedade nova; mas não se pretenda condenar todas as formas de arte posteriores à primeira metade do século XIX, a partir do trono pontifício do ultrarrealismo, pois cairíamos em um erro proudhoniano de regresso ao passado, pondo na camisa de força a expressão artística do homem que hoje nasce e se constrói. Falta o desenvolvimento de um mecanismo ideológico-cultural que permita a investigação e corte a erva daninha, que tão facilmente cresce no terreno favorável dos subsídios estatais.

Em nosso país não se cometeu o erro do mecanismo realista e sim outro, de sinal contrário. E se foi por não compreender a necessidade da criação do homem novo, que não seja o que represente as ideias do século XIX, tampouco as do nosso século decadente e mórbido. Devemos criar o homem do século XXI, ainda que, contudo, seja uma aspiração subjetiva e não sistematizada. É este precisamente um dos pontos fundamentais de nosso estudo e de nosso trabalho, e, à medida que conseguirmos êxitos concretos em uma base teórica ou, vice-versa, em que conseguirmos extrair conclusões teóricas de caráter amplo tendo como base nossa investigação concreta, teremos dado um contributo valioso ao marxismo-leninismo, à causa de humanidade.

A reação contra o homem do século XIX nos trouxe a reincidência no decadentismo do século XX; não é um erro demasiado grave, mas devemos superá-lo, sob pena de abrir as portas ao revisionismo.

As grandes multidões vão se desenvolvendo, as novas ideias vão alcançando ímpeto adequado no seio da sociedade, as possibilidades materiais de desenvolvimento integral de todos os seus membros tornam o trabalho muito mais frutífero. O presente é de luta; o futuro é nosso.

Resumindo: a culpabilidade de muitos de nossos intelectuais e artistas reside em seu pecado original – não são autenticamente revolucionários. Podemos tentar enxertar o ulmeiro para que dê peras, mas simultaneamente há que semear pereiras. As novas gerações virão livres do pecado original. As probabilidades de surgirem artistas excepcionais serão tanto maiores quanto mais se tiver ampliado o campo da cultura e a possibilidade de expressão. A nossa tarefa consiste em impedir que a geração atual, deslocada por seus conflitos, se perverta e perverta as novas gerações. Não devemos criar assalariados dóceis ao pensamento oficial nem "bolseiros" que vivam à custa do orçamento, exercendo uma liberdade entre aspas. Em breve chegarão os revolucionários que entoarão o canto do homem novo com a autêntica voz do povo. É um processo que requer tempo.

Em nossa sociedade, a juventude e o partido têm um papel importante. A primeira é particularmente importante por ser a argila maleável com que se pode construir o homem novo sem nenhuma das taras anteriores.

Ela recebe tratamento de acordo com nossas ambições. A sua educação é cada vez mais completa e não esqueçamos sua integração no trabalho desde os primeiros tempos. Os nossos bolseiros fazem trabalho físico nas férias ou simultaneamente com o estudo. O trabalho é, em determinados casos, um prêmio; em outros, um instrumento de educação, mas nunca um castigo. Está nascendo uma nova geração.

O partido é uma organização de vanguarda. Os melhores trabalhadores são propostos por seus companheiros para fazerem parte dele. Ele é minoritário mas de grande autoridade devido à qualidade de seus quadros. A nossa aspiração é que o partido seja de massas, mas quando as massas tiverem alcançado o nível de desenvolvimento da vanguarda, isto é, quando estiverem educadas para o comunismo. E o trabalho orienta-se para essa educação. O partido é o exemplo vivo; seus quadros devem dar lições de sacrifício e de aplicação ao trabalho; com a sua ação, devem levar as massas até o fim da tarefa revolucionária, o que implica anos de dura luta contra as dificuldades de construção do socialismo, contra os inimigos de classe, as marcas do passado, o imperialismo...

Gostaria agora de explicar o papel desempenhado pela personalidade, isto é, pelo homem como dirigente das massas que fazem a história. É a nossa experiência e não uma receita.

Nos primeiros anos, Fidel deu à revolução o impulso, a direção, o tom, mas há um bom grupo de revolucionários que se desenvolvem no mesmo sentido do dirigente máximo e uma grande massa que segue seus dirigentes porque acredita neles; e acredita neles porque eles souberam interpretar seus anseios.

Não se trata de quantos quilos de carne se come ou de quantas vezes por ano se pode ir passear na praia, nem de quantos artigos supérfluos vindos do exterior se pode comprar com os atuais salários. Trata-se, precisamente, de que o indivíduo se sinta mais completo, com muito mais riqueza interior e com muito mais responsabilidade. O indivíduo de nosso país sabe que a época gloriosa que lhe cabe viver é de sacrifício e ele conhece o sacrifício.

Os primeiros conheceram isto em Sierra Maestra e em todos os lugares onde se lutou; depois, conhecemo-lo em Cuba inteira. Cuba é a vanguarda da América e deve fazer sacrifícios porque ocupa o lugar de vanguarda, porque indica às massas da América Latina o caminho da liberdade plena.

Dentro do país, os dirigentes têm de cumprir seu papel de vanguarda; e, é preciso dizê-lo com toda a sinceridade, em uma verdadeira revolução, à qual tudo se dá, da qual nenhuma retribuição material se espera, a tarefa do revolucionário de vanguarda é, ao mesmo tempo, magnífica e angustiante.

Devo dizer, correndo o risco de parecer ridículo, que o verdadeiro revolucionário é guiado por grandes sentimentos de amor. É impossível pensar em um autêntico revolucionário sem essa qualidade. Talvez seja um dos grandes dramas do dirigente; este deve unir a um espírito apaixonado uma mente fria, e tomar decisões dolorosas sem que nenhum músculo se contraia. Os nossos revolucionários de vanguarda têm de idealizar esse amor aos povos, às causas mais sagradas e torná-lo único, indivisível. Não podem mostrar sua pequena dose de carinho cotidiano tal como o faz o homem comum.

Os dirigentes da revolução têm filhos que, em seus primeiros balbucios, não aprendem a chamar o pai; mulheres que têm de ser parte do sacrifício geral de sua vida para levar a revolução ao seu destino; o círculo dos amigos corresponde estritamente ao círculo dos companheiros de revolução; para além dela não existe vida.

Nestas condições, há que ter uma grande dose de humanidade, uma grande dose de sentido da justiça e da verdade para não cair em extremos dogmáticos, em escolasticismos frios, no isolamento das massas. Há que lutar todos os dias para que esse amor à humanidade viva se transforme em fatos concretos, em atos que sirvam de exemplo, de mobilização.

O revolucionário, motor ideológico da revolução dentro de seu partido, se consome nessa atividade contínua que não tem fim senão na morte, a menos que a construção se consiga à escala mundial. Se o seu afã de revolucionário esfria, uma vez realizadas as tarefas mais prementes à escala local, e esquece o internacionalismo proletário, a revolução que dirige deixa de ser uma força impulsora e afunda-se numa sonolência confortável, aproveitada pelos nossos inimigos irreconciliáveis, o imperialismo, que ganha terreno. O internacionalismo proletário é um dever, mas é também uma necessidade revolucionária. Assim educamos nosso povo.

Claro que há, nas atuais circunstâncias, perigos que espreitam. Não só o do dogmatismo, não só o de congelamento das relações com as massas, a meio da grande tarefa; também existe o perigo das fraquezas em que se pode cair. Se um homem pensa que, para dedicar sua vida inteira à revolução, não pode distrair sua mente com a preocupação de que falte ao filho determinado produto, que os sapatos dos filhos estejam rotos, que sua família precise de algum bem necessário, sob este raciocínio deixa infiltrar os germes da futura corrupção.

Em nosso caso, temos defendido que nossos filhos devem ter e precisar daquilo que têm e de que precisam os filhos do homem comum; e nossa família deve compreendê-lo e lutar por isso. A revolução se faz através do homem, mas o homem tem de forjar, dia a dia, seu espírito revolucionário.

Assim vamos avançando. A cabeça da imensa coluna – não nos envergonha nem nos intimida dizê-lo – vai Fidel; depois, os melhores quadros do partido, e imediatamente a seguir, tão perto que se sente sua enorme força, vai o conjunto do povo, sólida armadura de individualidades que caminham para um fim comum; indivíduos que tomaram consciência daquilo que é necessário fazer; homens que lutam para sair do reino da necessidade e entrar no reino da liberdade.

Essa imensa multidão se organiza; sua organização corresponde à consciência da necessidade desta; já não é força dispersa, divisível em milhares de frações disparadas no espaço como fragmentos de granada, tentando alcançar de qualquer maneira, na dura luta com seus iguais, uma posição, algo que permita apoio perante o futuro incerto.

Sabemos que nos esperam sacrifícios e que devemos pagar um preço pelo fato heroico de constituirmos uma vanguarda como nação. Nós, os dirigentes, sabemos que temos de pagar um preço por termos o direito de dizer que estamos à cabeça do povo que está à cabeça da América.

Todos e cada um de nós pagamos pontualmente nossa cota de sacrifício, conscientes de recebermos o prêmio na satisfação do dever cumprido, conscientes de avançarmos em conjunto para o homem novo que se vislumbra no horizonte.

Permitam-me que tire algumas conclusões:

Nós, socialistas, somos mais livres porque somos mais perfeitos; somos mais perfeitos porque somos mais livres.

O esqueleto de nossa liberdade completa está formado; falta a substância proteica e a roupagem; nós iremos criá-las. Nossa liberdade e seus suportes cotidianos têm cor de sangue e estão cheios de sacrifício.

O nosso sacrifício é consciente; é a cota a pagar pela liberdade que construímos.

O caminho é longo e em parte desconhecido; conhecemos nossas limitações. Faremos o homem do século XXI: nós mesmos.

Forjar-nos-emos na ação cotidiana, criando um homem novo com uma nova técnica.

A personalidade desempenha o papel de mobilização e de direção quando encarna as mais altas virtudes e aspirações do povo e não se afasta do rumo.

Quem abre o caminho é o grupo da vanguarda, os melhores entre os bons, o partido.

A argila fundamental de nossa obra é a juventude; nela depositamos nossa esperança e a preparamos para receber, das nossas mãos, a bandeira.

Se esta carta, ainda que imperfeita, esclarece alguma coisa, cumpriu o objetivo com que a envio.

Receba nossa saudação ritual, como um aperto de mão ou um "salve".

Pátria ou morte.

CAPÍTULO 7

Mensagem a Tricontinental

(MAIO DE 1967)

Esta é a hora dos fornos e só se verá a luz.
José Martí

JÁ 21 ANOS SE PASSARAM desde o fim da última conflagração mundial e diversas publicações, em muitos idiomas, celebram o acontecimento simbolizado na derrota do Japão. Há um clima de aparente otimismo em muitos setores dos diferentes campos em que o mundo se divide.

Vinte e um anos sem guerra mundial, nestes tempos de confrontações máximas, de choques violentos e mudanças repentinas, parecem um número muito elevado. Mas, sem analisar os resultados práticos dessa paz, pela qual todos nos mostramos dispostos a lutar (a miséria, a degradação, a exploração cada vez maior de enormes setores do mundo), é lícito perguntar se ela é real.

Não é intenção destas notas historiar os diversos conflitos de caráter local que se sucederam desde a rendição do Japão; também não é tarefa nossa fazer o inventário, numeroso e crescente, de lutas civis ocorridas nesses anos de pretensa paz. Basta-nos dar como exemplos, contra o desmedido otimismo, as guerras da Coreia e do Vietnã.

Na primeira, após anos de luta feroz, a parte norte do país ficou submersa na mais terrível devastação que figura nos anais da guerra moderna; crivada de bombas; sem fábricas, escolas ou hospitais; sem nenhum tipo de habitação para abrigar 10 milhões de habitantes.

Nessa guerra intervieram, sob a falsa bandeira das Nações Unidas, dezenas de países militarmente comandados pelos Estados Unidos, com a participação massiva de soldados dessa nacionalidade e o uso, como carne para canhão, da população sul-coreana alistada.

Na outra facção, o Exército e o povo da Coreia e os voluntários da República Popular da China contaram com o abastecimento e a assistência do aparelho militar soviético. Por parte dos norte-americanos, fez-se toda a espécie de experiências de armas de destruição, excluindo as termonucleares mas incluindo as bacteriológicas e as químicas, em escala limitada. No Vietnã, têm-se sucedido as ações bélicas, sustentadas pelas forças patrióticas desse país, quase ininterruptamente, contra três potências imperialistas: Japão, cujo poderio sofrera uma queda vertical a partir das bombas de Hiroshima e Nagasaki; França, que recupera desse país vencido suas colônias indo-chinesas ignorando as promessas feitas em momentos difíceis; e os Estados Unidos, nesta última fase da luta.

Houve confrontações limitadas em todos os continentes, mesmo quando no americano, durante muito tempo, apenas se produziram tentativas de luta e revoltas de quartel, até que a Revolução Cubana lançou seu grito de alerta sobre a importância desta região, e atraiu as iras imperialistas, obrigando-a à defesa das suas costas em Playa Girón, primeiro, e durante a Crise de Outubro, depois.

Esse último incidente podia ter provocado uma guerra de proporções incalculáveis, ao se produzir, em torno de Cuba, o choque de norte-americanos e soviéticos.

Mas, evidentemente, o foco das contradições, neste momento, está radicado nos territórios da península indo-chinesa e países limítrofes. O Laos e o Vietnã são sacudidos por guerras civis, que deixam de o ser ao se tornar presente, com todo seu poderio, o imperialismo norte-americano, convertendo-se toda a zona numa perigosa espoleta prestes a detonar.

No Vietnã, a confrontação assumiu características de uma agudeza extrema. Também não é nossa intenção historiar essa guerra. Assinalaremos apenas, de memória, alguns marcos.

Em 1954, depois da derrota aniquiladora de Dien Bien Phu, assinaram-se os Acordos de Genebra, que dividiam o país em duas zonas e estipulavam a realização de eleições, num prazo de 18 meses, para determinar quem devia governar o Vietnã e como se reunificaria o país. Os norte-americanos não assinaram o dito documento, dando início às manobras para substituir o imperador Bao Dai, fantoche francês, por um homem adequado às suas intenções. Este acabou por ser Ngo Dinh Diem, cujo fim trágico, o de laranja espremida pelo imperialismo, é conhecido de todos.

Nos meses que se seguiram à assinatura de acordo, reinou o otimismo no campo das forças populares. Desmantelaram-se redutos de luta antifrancesa no Sul do país e esperou-se o cumprimento do pactuado. Mas depressa os patriotas compreenderam que não haveria eleições, a menos que os Estados Unidos se sentissem capazes de impor sua vontade nas urnas, coisa que não podia acontecer, ainda que utilizando todos os métodos de fraude seus conhecidos. Iniciaram-se novamente as lutas no Sul do país e foram adquirindo maior intensidade até chegarem ao momento atual, em que o Exército norte-americano é composto por quase meio milhão de invasores, enquanto as forças fantoches diminuem seu número, e, sobretudo, perdem totalmente a combatividade.

Há cerca de dois anos que os norte-americanos começaram o bombardeamento sistemático da República Democrática do Vietnã, em mais uma tentativa de refrear a combatividade do Sul e obrigar a uma conferência a partir de posições de força. A princípio, os bombardeamentos foram mais ou menos desligados e se revestiam da máscara de represálias por supostas provocações do Norte. Depois, aumentaram de intensidade e método, até se converterem em uma gigantesca batida levada a cabo pelas unidades aéreas dos Estados Unidos, dia a dia, com o propósito de destruir todo o vestígio de civilização na zona norte do país. É um episódio da tristemente célebre escalada.

As aspirações materiais do mundo ianque cumpriram-se em grande parte, apesar da intrépida defesa das unidades antiaéreas vietnamitas de mais de 1.700 aviões derrubados e da ajuda do campo socialista em material de guerra.

Há uma penosa realidade: o Vietnã, essa nação que representa as aspirações, as esperanças, de vitória de todo um mundo desprezado, está tragicamente só. Esse povo tem de suportar os embates da técnica norte-americana, quase impunemente no Sul, com algumas possibilidades de defesa no Norte, mas sempre só.

A solidariedade do mundo progressista para com o povo vietnamita é semelhante à amarga ironia que significava para os gladiadores do circo romano o estímulo da plebe. Não se trata de desejar êxitos ao agredido, mas sim de sofrer a sua própria sorte; acompanhá-lo até a morte ou até a vitória.

Quando analisamos a sociedade vietnamita assalta-nos a angústia desse momento ilógico da humanidade.

O imperialismo norte-americano é culpado de agressão; seus crimes são imensos e repartidos por todo o globo. Já o sabemos, meus senhores! Mas também são culpados os que, no momento de se definirem, vacilaram em fazer do Vietnã parte inviolável do território socialista, correndo os riscos de uma guerra de alcance mundial, mas também obrigando os imperialistas norte-americanos a uma decisão. E são culpados os que mantêm uma guerra de insultos e ardis, iniciada, já há algum tempo, pelos representantes das duas maiores potências do campo socialista.

Perguntemos, para conseguir uma resposta honesta: está ou não isolado o Vietnã, fazendo equilíbrios perigosos entre duas potências que brigam? E que grandeza a desse povo! Que estoicismo e valor o desse povo! E que lição para o mundo encerra essa luta.

Passará muito tempo antes de sabermos se o presidente Johnson pensava a sério iniciar algumas das reformas necessárias a um povo para limar arestas das contradições de classe que aparecem com força explosiva e cada vez mais frequentemente. O certo é que as melhorias anunciadas, sob o pomposo título de luta pela grande sociedade, caíram no sorvedouro do Vietnã.

O maior dos poderes imperialistas sente em suas entranhas a sangria provocada por um país pobre e atrasado, e sua economia fabulosa se ressente do esforço da guerra. Matar deixa de ser o mais cômodo negócio dos monopólios. Armas de contenção, e em número insuficiente, é tudo o que têm esses soldados espantosos, além do amor à sua pátria, à sua sociedade e um valor à toda prova. Mas o imperialismo afunda-se no Vietnã, não encontra o caminho de saída e desesperadamente procura algum que lhe permita livrar-se com dignidade desse perigoso transe em que se vê. Mas os "quatro pontos" do Norte e os "cinco" do Sul o atenazam, tornando ainda mais decidido o confronto.

Tudo parece indicar que a paz, essa paz precária a que se deu esse nome, só porque não se deu nenhuma conflagração de caráter mundial, está outra vez em perigo de ruptura, perante qualquer passo irreversível, e inaceitável, dado pelos norte-americanos. E, a nós, explorados do mundo, qual é o papel que nos cabe? Os povos de três continentes observam e aprendem sua lição no Vietnã. Uma vez que, com a ameaça de guerra, os imperialistas exercem sua chantagem sobre a humanidade, não temer a guerra é a resposta justa. Atacar dura e ininterruptamente em cada ponto de confronto deve ser a tática geral dos povos.

Mas nos lugares onde esta mísera paz que sofremos não tenha sido rompida, qual será nossa tarefa? Libertarmo-nos a todo custo.

O panorama do mundo mostra grande complexidade. A tarefa da libertação espera mesmo os países da velha Europa, suficientemente desenvolvidos para sentirem todas as contradições do capitalismo, mas tão débeis que já não podem seguir o rumo do imperialismo ou iniciar esse rumo. Lá, as contradições alcançarão caráter explosivo nos próximos anos, mas seus problemas e, por conseguinte, a solução destes, são diferentes das dos nossos povos dependentes e economicamente atrasados.

O campo fundamental da exploração pelo imperialismo envolve os três continentes atrasados – América, Ásia e África. Cada país tem características próprias, mas os continentes, em seu conjunto, também as apresentam.

A América constitui um conjunto mais ou menos homogêneo e, na quase totalidade de seu território, os capitais monopolistas norte-americanos mantêm uma supremacia absoluta. Os governos-fantoches ou, no melhor dos casos, débeis e medrosos, não podem se opor às ordens do senhor ianque. Os norte-americanos chegaram quase ao auge de seu domínio político e econômico, pouco mais poderão já avançar; qualquer mudança da situação poderia se converter em um retrocesso de sua supremacia. Sua política é manter o que conquistaram. A linha de ação se reduz, no momento atual, ao uso brutal da força para impedir movimentos de libertação, sejam de que tipo forem.

Sob o *slogan* de "não permitiremos outra Cuba", se encobre a possibilidade de agredir impunemente (tal como sucedeu contra São Domingos ou, anteriormente, o massacre do Panamá) e a clara advertência de que as tropas ianques estão dispostas a intervir em qualquer ponto da América onde a ordem estabelecida seja alterada, pondo em perigo seus interesses. Essa política conta com uma impunidade quase absoluta; a OEA. É a única máscara cômoda, por muito desprestigiada que esteja; a ONU é de uma ineficácia que beira o ridículo ou o trágico; os Exércitos de todos os países da América estão prontos a intervir para esmagar seus povos. Formou-se, de fato, a internacional do crime e da traição.

Por outro lado, as burguesias autóctones perderam toda sua capacidade de oposição ao imperialismo – se é que alguma vez a tiveram – e mais não são que o seu carro-vassoura. Não há mais mudanças a fazer; ou revolução socialista ou caricatura de revolução.

A Ásia é um continente de características diferentes. As lutas de libertação contra uma série de poderes coloniais europeus tiveram como resultado o estabelecimento de governos mais ou menos progressistas, cuja evolução posterior tem sido, em alguns casos, de aprofundamento dos objetivos primários da libertação nacional, e em outros, de regresso a posições pró-imperialistas.

Do ponto de vista econômico, os Estados Unidos tinham, na Ásia, pouco a perder e muito a ganhar. As mudanças os favorecem; luta-se por deslocar outros poderes neocoloniais, penetrar novas esferas de ação no campo econômico, umas vezes diretamente, e outras utilizando o Japão.

Mas existem condições políticas especiais, sobretudo na península indo--chinesa, que dão à Ásia características de capital importância e que desempenham um papel importante na estratégia militar global do imperialismo norte-americano. Este faz um cerco à China através da Coreia do Sul, Japão, Taiwan, Vietnã do Sul e Tailândia, pelo menos.

Esta dupla situação: um interesse estratégico tão importante como o cerco militar à República Popular da China e a ambição de seus capitais de penetrarem nesses grandes mercados que ainda não dominam, fazem que a Ásia seja um dos lugares mais explosivos do mundo atual, apesar da aparente estabilidade fora da área vietnamita. Pertencendo geograficamente a este continente, mas com suas próprias contradições, o Médio Oriente está em plena ebulição, sem que se possa prever até onde chegará essa guerra fria entre Israel, apoiada pelos imperialistas, e os países progressistas da zona. É outro dos vulcões que ameaçam o mundo.

A África oferece as características de ser um campo quase virgem para a invasão neocolonial. Produziram-se mudanças que, em certa medida, obrigaram os poderes neocoloniais a ceder suas antigas prerrogativas de caráter absoluto. Mas, quando os processos se levam a cabo sem interrupção, sem violência, sucede ao colonialismo um neocolonialismo de iguais efeitos, no que se refere à dominação econômica.

Os Estados Unidos não tinham colônias nessa região e lutam agora por penetrar nas antigas coutadas privativas dos seus sócios. Pode-se afirmar que a África constitui, nos planos estratégicos do imperialismo norte-americano, seu reservatório a longo prazo. Seus atuais investimentos apenas têm importância na União Sul-africana e começa sua penetração no Congo, Nigéria e outros países, onde se inicia uma violenta concorrência (até agora de caráter pacífico) com outros poderes imperialistas.

Todavia, não há grandes interesses a defender, salvo seu pretenso direito de intervir em cada lugar do globo onde seus monopólios farejem bons lucros ou a existência de grandes reservas de matérias-primas.

Todos esses antecedentes tornam lícito levantar a questão sobre as possibilidades de libertação dos povos a curto ou a médio prazo.

Se analisarmos a África veremos que se luta com alguma intensidade nas colônias portuguesas da Guiné, de Moçambique e de Angola, com particular êxito na primeira e com êxito variável nas outras duas. Contudo, assiste-se à luta entre os sucessores de Lumumba e os velhos cúmplices de Tschombé no Congo, luta que, no momento atual, parece inclinar-se a favor dos últimos, os que "pacificaram" em seu próprio proveito uma grande parte do país, ainda que a guerra se mantenha latente.

Na Rodésia, o problema é diferente: o imperialismo britânico utilizou todos os mecanismos a seu alcance para entregar o poder à minoria branca que atualmente o detém. O conflito, do ponto de vista da Inglaterra, é absolutamente antioficial, só que essa potência, com sua habitual habilidade diplomática – também chamada, em linguagem corrente, hipocrisia – apresenta uma fachada desgostosa perante as medidas tomadas pelo governo de Ian Smith, e é apoiada, em sua atitude velhaca, por alguns dos países da *Commonwealth* que a seguem, e atacada por boa parte dos países da África Negra, sejam ou não dóceis vassalos econômicos do imperialismo inglês.

Na Rodésia, a situação pode se tornar altamente explosiva se os esforços dos patriotas negros cristalizarem para se levantarem em armas, e esse movimento for efetivamente apoiado pelas nações africanas vizinhas. Mas, por agora, todos os problemas se ventilam em organismos tão inócuos como a ONU, a *Commonwealth* e a OUA.

Não obstante, a evolução política e social da África não faz prever uma situação revolucionária continental. As lutas de libertação contra os portugueses devem terminar vitoriosamente, mas Portugal nada significa na nomenclatura imperialista.

Os confrontos de importância revolucionária são os que põem em xeque todo o aparelho imperialista, mas, mesmo assim, não devemos deixar de lutar pela libertação das três colônias portuguesas e pelo aprofundamento de suas revoluções.

Quando as massas negras da África do Sul ou da Rodésia iniciarem sua autêntica luta revolucionária, ter-se-á iniciado uma nova época na África. Ou, quando as massas empobrecidas de um país se lançarem ao resgate de seu direito a uma vida digna, das mãos das oligarquias governantes. Até agora sucedem-se os golpes de quartel, em que um grupo de oficiais se substitui a outro, ou a um governante que já não serve seus interesses de casta e os das potências que, por detrás os manejam, mas não há convulsões populares. No Congo, essas características apareceram de modo fugaz, impulsionadas pela lembrança de Lumumba, mas foram perdendo força nos últimos meses.

Na Ásia, como vimos, a situação é explosiva, e não são apenas o Vietnã e o Laos, onde se luta, os pontos de atrito.

Também o é o Camboja (onde, a qualquer momento, se pode iniciar a agressão direta norte-americana), a Tailândia, a Malásia e, por certo, a Indonésia, onde não podemos pensar que se tenha dito a última palavra, apesar do aniquilamento do Partido Comunista desse país, quando os reacionários ocuparam o poder. E, por certo, o Médio Oriente.

Na América Latina, luta-se de armas na mão, na Guatemala, na Colômbia, na Venezuela e na Bolívia, e aparecem já os primeiros indícios no Brasil. Há outros focos de resistência que aparecem e se extinguem. Mas quase todos os países desse continente estão amadurecidos para uma luta de um tipo tal que, para sair triunfante, só se pode conformar com a instauração de um governo de modelo socialista.

Nesse continente fala-se praticamente uma língua, salvo o caso excepcional do Brasil, com cujo povo os de fala espanhola se podem entender, dada a semelhança dos dois idiomas. Há uma identidade tão grande entre as classes desses países que conseguem uma identificação de tipo "internacional americano", muito mais completa que em outros continentes. A língua, os costumes, a religião e o senhor comum os unem. O grau e as formas de exploração são semelhantes, nos seus efeitos, para exploradores e explorados de boa parte dos países de nossa América. E nela a rebelião está amadurecendo aceleradamente.

Podemos nos perguntar: como frutificará essa rebelião? De que tipo será? Temos sustentado, desde há algum tempo, que, dadas suas características semelhantes, a luta na América assumirá, a seu tempo, dimensões continentais. Será cenário de muitas e grandes batalhas travadas pela humanidade para sua libertação.

No âmbito dessa luta de alcance continental, as que atualmente se mantêm de forma ativa são apenas episódios, mas deram já os mártires que figurarão na história americana, como se a entregar sua gota de sangue, necessária nesta última etapa da luta pela liberdade plena do homem. Lá figurarão os nomes do comandante Turcios Lima, do padre Camilo Torres, do comandante Fabricio Ojeda, dos comandantes Lobatón e Luis de la Puente Uceda, figuras destacadas nos movimentos revolucionários da Guatemala, da Colômbia, da Venezuela e do Peru.

Mas a mobilização ativa do povo cria seus novos dirigentes: César Montes e Yon Sosa levantam a bandeira na Guatemala; Fabio Vásquez e Marulanda o fazem na Colômbia; Douglas Bravo no ocidente do país, e Américo Martín em El Bachiller, dirigem suas frentes respectivas na Venezuela.

Novos embriões de guerra surgirão nesse e em outros países americanos, como já aconteceu na Bolívia, e irão crescendo, com todas as vicissitudes que encerra o perigoso ofício de revolucionário moderno. Muitos morrerão vítimas de seus erros, outros cairão durante o duro combate que se avizinha; novos lutadores e novos dirigentes surgirão no calor da luta revolucionária. O povo irá formando seus combatentes e seus chefes no padrão seletivo da própria guerra, e aumentarão os agentes ianques de repressão. Hoje há conselheiros ianques em todos os países onde a luta armada se mantém, e o Exército peruano, também aconselhado e treinado pelos ianques, realizou com êxito, segundo parece, uma batida contra os revolucionários desse país. Mas se os focos de guerra são dirigidos com suficiente destreza política e militar, tornar-se-ão praticamente imbatíveis e obrigarão os ianques a novos envios. No próprio Peru, com tenacidade e firmeza, novas figuras ainda não completamente conhecidas reorganizam a luta guerrilheira. Pouco a pouco, as armas obsoletas que bastam para a repressão dos pequenos grupos armados vão-se convertendo em armas modernas, e os grupos de conselheiros ianques se transformarão em combatentes norte-americanos, até que, num dado momento, se vejam obrigados a enviar quantidades cada vez maiores de tropas regulares para assegurarem a relativa estabilidade de um poder, cujo exército nacional-fantoche se desintegra perante os combatentes de guerrilhas. É o caminho do Vietnã; é o caminho que os povos devem seguir; é o caminho que a América seguirá, com a característica especial de que os grupos armados saberão formar qualquer coisa como Juntas de Coordenação para tornar mais difícil o projeto de repressão do imperialismo ianque e defender sua causa.

A América, continente esquecido pelas últimas lutas políticas de libertação, que começa a se fazer sentir por intermédio da Tricontinental pela voz de vanguarda dos seus povos, que é a Revolução Cubana, terá uma tarefa de muito maior relevo: a da criação do segundo ou do terceiro Vietnã ou do segundo e do terceiro Vietnã do mundo.

Há que ter em conta, definitivamente, que o imperialismo é um sistema mundial, a última etapa do capitalismo, e é preciso combatê-lo em uma grande confrontação mundial. A finalidade estratégica dessa luta deve ser a destruição do imperialismo. A participação que nos cabe a nós, os explorados e atrasados do mundo, é a de eliminar as bases de sustentação do imperialismo: os nossos povos oprimidos, de onde sugam capitais, matérias-primas, técnicos e mão de obra barata e para onde exportam novos capitais – instrumentos de domínio –, armas e toda a espécie de artigos, nos submetendo a uma dependência absoluta.

O elemento fundamental dessa finalidade estratégica será, então, a libertação real dos povos; libertação que se produzirá pela luta armada, na maioria dos casos, e que terá, na América, quase infalivelmente, a propriedade de se converter em uma revolução socialista.

Ao focar a destruição do imperialismo, há que identificar sua cabeça, que outra coisa não é senão os Estados Unidos da América do Norte.

Devemos realizar uma tarefa de tipo geral que tenha como finalidade tática tirar o inimigo de seu ambiente, obrigando-o a lutar em lugares onde seus hábitos de vida se choquem com a realidade dominante. Não se deve desprezar o adversário; o soldado norte-americano tem capacidade técnica e está apoiado por meios de tal grandeza que o tornam temido. Falta-lhe essencialmente a motivação ideológica que têm, em grau elevadíssimo, seus mais fervorosos rivais de hoje: os soldados vietnamitas. Só conseguiremos vencer esse Exército à medida que conseguirmos minar seu moral. E esse se mina infligindo-lhe derrotas e ocasionando-lhe repetidos sofrimentos.

Mas esse pequeno esquema de vitórias encerra em si imensos sacrifícios dos povos, sacrifícios que se devem exigir a partir de hoje, à luz do dia, e que talvez sejam menos dolorosos do que aqueles que teríamos de suportar se evitássemos constantemente o combate, à espera de que sejam outros que nos venham tirar as castanhas do fogo.

Claro que, muito provavelmente, o último país a libertar-se o fará sem luta armada; e se evitará a esse povo os sofrimentos de tão grande e cruel guerra como a que os imperialistas fazem.

Mas talvez seja impossível evitar essa luta ou seus efeitos, em uma contenda de caráter mundial e se sofra tanto ou mais ainda. Não podemos predizer o futuro, mas nunca devemos ceder à tentação claudicante de ser os porta-bandeiras de um povo que anseia por sua liberdade mas renega a luta que esta comporta e a espera como uma migalha de vitória.

É absolutamente justo evitar todo o sacrifício inútil. Por isso é tão importante o esclarecimento das possibilidades efetivas que tem a América dependente de se libertar de forma pacífica. Para nós é clara a solução dessa interrogação; o momento atual poderá ser ou não o indicado para iniciar a luta, mas não podemos nos iludir, nem temos direito a isso, de conseguir a liberdade sem combate. E os combates não serão meras lutas de rua, de pedras contra gases lacrimogêneos, nem de greves gerais pacíficas; nem será a luta de um povo enfurecido que destrua em dois ou três dias o edifício repressivo das oligarquias governantes; será uma longa luta, sangrenta, em que a sua frente estará nos refúgios guerrilheiros, nas cidades, nas casas dos combatentes – em que a repressão irá procurando vítimas fáceis entre seus familiares –, na população camponesa massacrada, nas aldeias ou nas cidades destruídas pelo bombardeamento inimigo.

Nos empurram para essa luta; não há outro remédio senão prepará-la e decidir começá-la.

O começo não será fácil; será extraordinariamente difícil. Toda a capacidade de repressão, toda a capacidade de brutalidade e demagogia das oligarquias se porá a serviço de sua causa. Nossa missão, na primeira hora, é sobreviver; depois, atuará o exemplo contínuo da guerrilha, realizando a propaganda armada na acepção vietnamita da frase, ou seja, a propaganda dos tiros, dos combates que se ganham ou se perdem, mas se travam contra os inimigos. O grande ensinamento da invencibilidade da guerrilha que se liga às massas dos usurpados, a galvanização do espírito nacional, a preparação para tarefas mais duras, para resistir a repressões mais violentas. O ódio como fator de luta, o ódio intransigente ao inimigo, que impulsiona para além das limitações naturais do ser humano e o converte em uma efetiva, violenta, seletiva e fria máquina de matar. Nossos soldados têm de ser assim; um povo sem ódio não pode triunfar sobre um inimigo brutal.

Há que levar a guerra até onde o inimigo a leve: à sua casa, a seus lugares de diversão; torná-la total. Há que impedi-lo de ter um minuto de tranquilidade, de ter um minuto de sossego fora de seus quartéis, e mesmo dentro deles: atacá-lo onde quer que se encontre; fazê-lo sentir-se uma fera acossada onde quer que esteja. Então seu moral irá decaindo. Se tornará contudo mais bestial, mas notar-se-ão os sinais da decadência que espreita.

Que se desenvolva um verdadeiro internacionalismo proletário; com exércitos proletários internacionais, em que a bandeira sob a qual se lute seja a causa sagrada da redenção da humanidade, de tal modo que morrer sob as bandeiras do Vietnã, da Venezuela, da Guatemala, do Laos, da Guiné, da Colômbia, da Bolívia, do Brasil, para citar apenas os atuais cenários da luta armada, seja igualmente glorioso e desejável para um americano, um asiático, um africano e, mesmo, um europeu.

Cada gota de sangue derramada em um território sob cuja bandeira não se nasceu, é uma experiência que, quem sobrevive, colhe para a aplicar mais tarde na luta pela libertação de seu lugar de origem. E cada povo que se liberte é uma fase da batalha pela libertação de nosso próprio povo que se ganhou.

É a hora de conciliar nossas discrepâncias e por tudo ao serviço da luta.

Que grandes controvérsias agitam o mundo que luta pela liberdade, todos o sabemos e não o podemos esconder.

Que adquiram, um caráter e uma agudeza tais que parece bastante difícil, se não impossível, o diálogo e a conciliação, também o sabemos. Procurar métodos, para iniciar um diálogo que os adversários evitam, é uma tarefa inútil. Mas o inimigo está lá, ataca todos os dias e ameaça com novos ataques; e esses ataques nos unirão hoje, amanhã ou depois. Quem antes o perceba e se prepare para essa união necessária terá o reconhecimento dos povos.

Dadas as virulências e as intransigências com que se defende cada causa, nós, os usurpados, não podemos tomar partido por uma ou por outra forma de manifestar as discrepâncias, mesmo quando, por vezes, concordamos com algumas propostas de uma ou outra parte, ou mais com as de uma parte do que com os da outra. No momento da luta, a forma como se tornam visíveis as atuais diferenças constitui uma debilidade; mas no estado em que se encontram, querer ajustá-las por meio de palavras é uma ilusão. A história as fará desaparecer ou lhes dará sua verdadeira explicação.

Em nosso mundo de luta, tudo o que seja discrepância relativa à tática, método de ação para a consecução de objetivos limitados, deve analisar-se com o respeito que merecem as apreciações alheias. Quanto ao grande objetivo estratégico, a destruição total do imperialismo por meio da luta, devemos ser intransigentes.

Assim, sintetizemos nossas aspirações de vitória: destruição do imperialismo pela eliminação de seu baluarte mais forte: o domínio imperialista dos Estados Unidos da América do Norte. Tomar como função tática a libertação gradual dos povos, um a um ou por grupos, levando o inimigo a uma luta difícil fora de seu terreno; liquidando as suas bases de sustentação, que são seus territórios dependentes.

Isso significa uma demorada guerra. E, repetimos uma vez mais, uma guerra cruel. Que ninguém se engane quando quiser iniciá-la e que ninguém vacile em iniciá-la com medo dos resultados que possa trazer a seu povo. É quase a única esperança de vitória.

Não podemos ignorar o apelo da hora. O Vietnã assim o demonstra com a sua permanente lição de heroísmo, sua trágica e cotidiana lição de luta e de morte para conseguir a vitória final.

Lá, os soldados do imperialismo encontram o desconforto de quem, acostumado ao nível de vida ostentado pela nação norte-americana, tem de enfrentar-se com a terra hostil; a insegurança de quem não se pode mover sem sentir que pisa em território inimigo; a morte dos que saem de seus redutos fortificados; a hostilidade permanente de toda a população. Tudo isso vai tendo repercussões no interior dos Estados Unidos; vai fazendo surgir um fator, atenuado pelo imperialismo em plena forma: a luta de classes mesmo em seu próprio território.

Como poderíamos olhar o futuro, luminoso e próximo, se dois, três, muitos Vietnã nascessem à superfície do globo, com sua cota de morte e suas enormes tragédias, com seu heroísmo cotidiano, com seus ataques repetidos ao imperialismo, com a obrigação que ele tem de dispersar suas forças, sob o embate do ódio cada vez maior dos povos do mundo!

E se todos fôssemos capazes de nos unir, para que nossos ataques fossem mais firmes e certeiros, para que todo o tipo de ajuda aos povos em luta fosse ainda mais efetiva, como seria grande e próximo o futuro!

Nós, os que em um pequeno ponto do mapa do mundo cumprimos o dever que preconizamos e pomos à disposição da luta este pouco que nos é permitido dar às nossa vida, nosso sacrifício, nos cabe, um dia destes, exalar o último suspiro em qualquer terra, já nossa, regada com nosso sangue; note-se que medimos o alcance de nossos atos e que não nos consideramos mais do que elementos no grande exército do proletariado, mas sentimo-nos orgulhosos por termos aprendido da Revolução Cubana e de seu dirigente máximo a grande lição que emana da sua atitude nesta parte do mundo: "Que importam os perigos ou sacrifícios de um homem ou de um povo, quando está em jogo o destino da humanidade!".

Toda a nossa ação é um grito de guerra contra o imperialismo e um clamor pela unidade dos povos contra o grande inimigo da espécie humana: os Estados Unidos da América do Norte. Em qualquer lugar que a morte nos surpreenda, bem-vinda seja, sempre que nosso grito de guerra tenha chegado a um ouvido receptivo, e outra mão se estenda para empunhar as nossas armas, e outros homens se disponham a entoar os cantos de luto com o matraquear de metralhadoras e novos gritos de guerra e de vitória.

CHE GUEVARA

Diário
Ernesto Che Guevara

Textos Revolucionários
Ernesto Che Guevara

Impressão: *Editora Parma*

CHE
GUEVARA

Textos
Políticos